国家出版基金项目
NATIONAL PUBLICATION FOUNDATION

東亞文化之黎明

[日]濱田耕作◎著
汪馥泉◎譯

山西出版傳媒集團
山西人民出版社

圖書在版編目(CIP)數據

東亞文化之黎明／［日］濱田耕作著；汪馥泉譯．—太原：山西人民出版社，2015.12
（近代海外漢學名著叢刊／鄭培凱主編）
ISBN 978-7-203-09326-8

Ⅰ．①東… Ⅱ．①濱… ②汪… Ⅲ．①文化史－東亞 Ⅳ．①K310.03

中國版本圖書館CIP數據核字(2015)第293029號

東亞文化之黎明

叢刊主編　鄭培凱
著　　者　［日］濱田耕作
譯　　者　汪馥泉
責任編輯　秦繼華

出 版 者　山西出版傳媒集團·山西人民出版社
地　　址　太原市建設南路21號
郵　　編　030012
發行營銷　0351-4922220　4955996　4956039
　　　　　0351-4922127(傳真)
天猫官網　http://sxrmcbs.tmall.com　0351-4922159(電話)
E-mail　sxskcb@163.com　發行部
　　　　　sxskcb@126.com　總編室
網　　址　www.sxskcb.com

經 銷 者　山西出版傳媒集團·山西人民出版社
承 印 廠　山西出版傳媒集團·山西人民印刷有限責任公司

開　　本　700mm×970mm　1/16
印　　張　12
字　　數　44千字
印　　數　1—2000冊
版　　次　2015年12月　第1版
印　　次　2015年12月　第1次印刷
書　　號　ISBN 978-7-203-09326-8
定　　價　36.00圓

近代海外漢學名著叢刊編委會名單

出版説明

近代海外漢學名著叢刊選取一九四九年以後未再刊行之近代海外漢學作品，編例如次：

一、本叢書遴選之作品在相關學術領域具有一定的代表性，在學術研究方嚮、方法上獨具特色。

二、爲避免重新排印時出錯，本叢書原本原貌影印出版。影印之底本皆經專家組審定，原書字體大小、排版格式均未做大的改變。

三、爲使叢書體例一致，本叢書前言後記均采用繁體字排版。

四、個别頁碼較少的版本，爲方便裝幀和閱讀，進行了合訂。

五、少數作品有個别破損之處，編者以不改變版本内容爲前提，部分進行修補，難以修復之處保留缺損原狀。

六、原版書中個别錯訛之處，皆照原樣影印，未做修改。

由於叢書規模較大，不足之處，在所難免，殷切期待方家指正。

總序／温故而知新

晚清以來，西力東漸，西方文化思想的著作也大量譯成中文，最著名的如嚴復與林紓的譯著，影響了整個二十世紀中國的知識界與文學界，使得中國文化的思維脈絡爲之丕變。除了西方思想經典、文學與實證科學著作的翻譯，以實證方法系統化探討中國文史的域外漢學，也對中國學術思想界産生了莫大衝擊，改變了中國學術的著述方法與取嚮。

中國傳統的知識結構，是按經史子集四庫分類的，以儒家意識形態的經學爲文化知識的砥柱，以史學爲貫串歷史經驗的殷鑒，至於子部與集部，則是作爲保存文獻、擴大知識面的附帶知識，可以耽情冥想，可以悠遊玩賞，却都是邊緣化的知識，無關聖教的弘揚，無關文化精髓的宏旨。西方文藝復興之後的現代學術體系，在知識分類上，與中國傳統大相徑庭，講究系統分科，不同知識領域各有其客觀存在的價值，有其相對獨立的目的與標準。日本知識界在明治維新以來，鑒於東方文明落後於西方的船堅炮利，率先效法西方，在追求「文明開化」、「脱亞入歐」的過程中，爲日本學術發展循着現代西方的體例，建立了哲學、文學、歷史學、經濟學、法學、商學、物理學、化學、地質學、醫學、農學、工程學、植物學、動物學等等新型學科，企圖與西方學術齊頭並進，從而影響了中國近代學術體系的發展。

本叢刊選印二十世紀上半葉出版的漢學譯著近百冊，分爲三大類：「歷史文化與社會經濟」、「古典文獻與語言文字」、「中外交通與邊疆史」，反映民國時期學術界重視西方及日本漢學研究的成果，藉助他山之石，重新審視中國傳統歷史文化的意義，特別是開拓了傳統學術忽略的領域。五四新文化運動以來，中國學者如蔡元培、胡適都提倡「整理國故」，以理性實證的方法，對中國文化傳統做出系統化的研究，是與這些漢學譯著相輔相成的。這些譯著除了介紹域外漢學的成果，還引進了嶄新的學術研究方法與視角，有助於梳理中國文化傳統的脈絡，重新整合知識結構與學術體系。雖然這些學術著作不是中國學者的成就，無法納入二十世紀中國文史學術的主脈，但是從中文譯本的影響而言，起碼也應當視爲中國近代學術發展的支脈或潛流，不容忽視。可惜的是，到了二十世紀下半葉，因爲兩岸政治形勢的變化，這些漢學譯著，除了部分因王雲五重新入主臺灣商務印書館，而得以在臺灣做了少量的重印，在大陸的出版界，則完全受到遺忘，甚至在許多新成立的大學圖書館中也不見踪影。我們搜集了近百冊塵封的漢學譯著，呈現給二十一世紀的中國學術界，一方面是爲了銘記前人爲推展學術而做出的努力，另一方面也是爲了提醒新常態時期的學人，學術發展有其歷史累積的脈絡，可以從中汲取歷史經驗，温故而知新。

說到「温故知新」與這批早期漢學譯著的關係，可以從兩個方面來思考，以見翻譯域外漢學如何反映了時代精神，爲融匯東西方學術思維，重新闡釋中國文化傳承，做出不可磨滅的貢獻。一是域外漢學的研究對象，以中國歷史文化典籍爲主，屬於中西文化碰撞期間興起的「國學」範疇，與五四新文化人物提倡的「整理國故」運動若合符節。研究中國歷史文化，並賦予新的學術意義，是清末民初知識精英念兹在兹的心結。歷史發展走到一個環節，時代的狂風揚起了批判傳統的大旗，風中的英雄幫着推波助瀾，却又無時或忘自己民族文化主體的未來，糾纏於「傳統」能否「現代」的困境。域外漢學的出現，以西方實證方法研究中國歷史文化傳統，綜合東西方各種語言文字材料，擴大了研究國學的眼界，即使無法打開中國文化傳統是否走到盡頭的心結，至少是提供了一個解惑的方嚮，在大霧彌漫的夜晚，看到了依稀渺茫的星光。

二是翻譯域外漢學，有一種以子之矛攻子之盾的吊詭作用，逐漸化解了中國文化思維中的自大心理與封閉心態，讓唯我獨尊的國粹基本教義派解除武裝到牙齒的盔甲，轉而吸收並接受西方實證研究的學風。民國期間新式教育制度的推行、學術體系的變化、大學學術專業的創建，具體到北京大學國學門的成立，中央研究院規劃歷史、語言、考古的研究領域，都與翻譯域外漢學背後的旨意是息息相關的。因此，重新閱覽這批民國期間的漢學譯著，對二十一世紀的現代學人來說，温故而知新，不但可以窺知民國學人追求新知的心理狀態，也會刺激吾人反思，認真思考學術研究方法與中國學術發展的前景，更進一步，探索文化傳統的重新闡釋與新知介入的關係。知識體系的變化當然與傳統的重新闡釋有關，是外爍的影響大呢，還是內因變化的成分居多？

論語·爲政記載孔子說：「温故而知新，可以爲師矣。」歷代解經，對這個「爲師」的道理，有兩種相近似但又取嚮不同的解釋。朱熹四書集注說：「故者，舊所聞。新者，今所得。言學能時習舊聞而每有新得，則所學在我而其應不窮，故可以爲人師。若夫記問之學，則無得於心而所知有限，故學記譏其不足以爲人師，正與此意互相發也。」雖然朱熹把知識分爲「舊所聞」與「新所得」，强調的却是「學而時習之」，從中生發新的心得，也就是從詮釋舊典中得到新知。這個説法與朱熹在鵝湖之會以後，作詩唱和，寫給陸九淵的詩句，「舊學商量加邃密，新知涵養轉深沉」，异曲同工，是一個意思，萬變不離其宗，舊學與新知是同一個脈絡的知識學理。

然而，有些朱熹之前的經學家，解釋「温故知新」，却有不同的取嚮。皇侃論語義疏就說：「故，謂所學已得之事也。所學已得者則温尋之不使忘失，此是月無忘其所能也。新，謂即時所學新得者也。知新，謂日知其所亡也。若學能日知所亡，月無忘所能，此乃可爲人師也。」皇侃明確説到，「故」指的是過去所學的知識，而「新」則指的是新近學到的知識，新舊結合，相互發明，就可以「爲人師」了。邢昺論語注疏循着皇侃的思路，也説：「言舊所學得者，温尋使不忘，是温故也。素所未知，學使知之，是知新也。既温尋故者，又知新者，則可以爲人師也。」這裏講的「素所未知」，就不祇是研讀舊學，有了新的體會，從過去的傳統中發展出的「新知」，而是從來没聽過、没想過的新學問了。這種「素所未知」的新學問，結合「舊所聞」，對習以爲常的知識框架，就會産生巨大的衝擊，而出現飛躍性的結構變化。知識内容或許大體沿襲傳統，知識結構却得以重新整合，出現嶄新的認知系統，重新審視自己文化傳統的意義，打開文化傳承的新局面。二十世紀上半葉的漢學譯作，就發揮了這樣的作用，促使中國學者放棄自我中心的文化態度，從各種不同側面，探知中國歷史文化的光譜，以域外（或是全球）的角度觀測中國傳統，摇動了文化的萬花筒，看到七彩繽紛的中國。

嚴復在甲午戰争之後，改良變法思想風起雲涌之時，開始大量翻譯西方思想經典著作，是有感於國人（特别是傳統文化孕育的知識精英）思維系統封閉，企圖介紹實證新知，引進邏輯思維的方法，以破除儒學之道「一以貫之」與「放之四海而皆準」的虚妄。他翻譯天演論，在序文中提到，有人歸納東西方學術思想，認爲中國文化重精神，是形而上之學，立意高超，而西方文化重物質，是形而下之學，祇追求功利的回報。他認爲，這種自以爲是的蒙昧態度，陷入傳統舊學的框囿而不自知，没有自我反思的能力，無法吸收「素所未知」的新知識，也就無法開展並弘揚自己的文化傳統。嚴復非常清楚他翻譯西方經典的目的，是爲了介紹新知，打破中國傳統思維的封閉性，但是，作爲披荆斬棘的拓荒人，他深知思想封閉者的頑固心理，必須因勢利導，以免遭到盲目衛道之士的攻訐。嚴復有其防身的策略，不會像許褚戰馬超那樣赤膊上陣，而是以桐城文章譯述赫胥黎、斯賓塞、穆勒、亞當·斯密、孟德斯鳩，博得晚清知識精英的贊許，文章深閎而傳入了新知義理。從文化變遷的角度而言，通過翻譯，以迂迴戰術來介紹西方思想，得到巨大的成功，産生了改變傳統思維體系的實效，是中國近代思想史上影響深遠的大事。以此類推，民國時期大量翻譯域外漢學的影響，也是不容忽視的思想史課題。

關於清末民初西方學術思維衝擊中國知識精英，顛覆傳統文化的知識結構，錢穆在現代中國學術論衡的序言中，從中國文化本位的立場，發出深刻的感慨，做了籠統的批評：「文化异，斯學術亦异。中國重和合，西方重分別。民國以來，中國學術界分門別類，務爲專家，與中國傳統通人通儒之學大相違异。循至返讀古籍，格不相入。此其影響將來學術之發展實大，不可不加以討論。」錢穆所指出的問題，是傳統知識體系强調「通」，文史哲不分家，最崇尚通儒，而現代學術講究專業分科，各司其職，以至於讀不通古籍呈現的整體性知識思維。姚名達在撰寫中國目録學史的時候，對西力東漸，西潮帶來的翻譯著作及新知新學，也有類似的感慨：「四部分類法，不合時代也，不僅現代爲然。自道光、咸豐允許西人入國通商傳教以來，繼以派生留學外國，於是東西洋洋籍逐年增多。學問翻新，迥出舊學之外。目録學界之思想不免爲之震蕩。」這種對學術體系發生重大變化的觀察，反映了中國學人從晚清一直到民國，夾在東西方兩種不同思維體系的衝突中，身歷其境的切身感受，因此感觸良多。

二十世紀上半葉最能代表中國學術的通儒是王國維與陳寅恪，他們浸潤了經史子集的四部知識傳統，承繼乾嘉篤實的考據學風，却都經過西洋邏輯思維與實證科學的洗禮，參與中國知識結構的轉型。對西方現代知識結構如何在中國生根發芽，不但再三致意，并且以自己的學術實踐來努力促成。王國維早在一九〇二年就寫信給張之洞，反對把經學列爲大學分科之首，而主張效法西方與日本的大學，設立哲學科，明確指出知識結構的分類不可因循傳統，而必須另起爐竈。陳寅恪在一九二五年就清華大學建制的問題，寫了吾國學術之現狀及清華之職責，指出大學的職責在於學術之獨立，而中國學術界的情況令人十分不滿，必須認真效法西方學術的體制及實踐。他説：「蓋今世治學以世界爲範圍，重在知彼，絕非閉門造車者比。」這兩位國學大師，對西方與日本的漢學研究十分注意，都是以開放態度對待域外漢學研究，集思廣益，以成其大家。

再回到「温故知新」的歷代經解，説説文化傳承的闡釋學意義。劉寶楠在論語正義中指出，上古之時，文化知識是上層統治精英的家學，不再治理實際政事的長者可以傳遞德行的知識，可以爲人師。「温故而知新」，就顯示長者不忘舊時所學，且能吸收新知，繼承并發揚這種學術與政治合一的傳統。到了孔子之時，時代出現了變化，士大夫不見得能够謹守家法，弘揚德行，也不一定能够「爲師」了。孔子之後，世變日亟，「道術爲天下裂」，文化知識不再爲少數統治精英所壟斷，也不必然與治理政事有關，學術在民間百花齊放，百家争鳴。但是，學術知識發展的脈絡基本未變，仍然是要温故知新，進德修業。從劉寶楠不經意的闡釋中，可以看到時代變遷影響了學術文化的內容，改變了知識結構的體系，但其內在發展的理路仍舊，還是需要舊學與新知的融合，才能有所發展。

劉寶楠還引述了劉逢禄的解釋：「故，古也。六經皆述古昔、稱先王者也。知新，謂通其大義，以斟酌後世之製作，漢初經師皆是也。」劉寶楠贊成這個説法，並指出，漢唐人解釋「知新」，大多數都沿用此意。也就是説，舊學是傳統的知識結構體系，新知是時代變化出現的新知識，必須相互斟酌，才能發揮得宜。至於如何對舊學「通其大義」，就見仁見智，各有説法了。從這個通達的詮釋來討論近代西學東漸的情況，我們可以看到，「温故而知新」在民國學人的心底，是産生「傳統」與「現代」糾葛的心理陷阱，不易跨越。若依照朱熹的説法，「學能時習舊聞而每有新得，則所學在我而其應不窮」，雖然在哲理上可以模模糊糊説通，但在清末民初的具體歷史環節，西學的新知屬於完全不同的知識體系，在原有的舊學脈絡中，根本無從立足，如何「其應不窮」?·所以，真要放之四海而皆準，提升「温故而知新」的普世意義，以理解域外漢學譯著與近代學術知識體系變遷的文化史意義，我們認爲，皇侃、邢昺，一直到劉寶楠的闡釋，是比較合適，並與現代文化闡釋學的説法相近。

伽達默爾（Hans-Georg Gadamer）在他的名著真理與方法中，説到認知理性與文化傳統的關係，特别指出，人們通過理性，來判斷歷史文化中事實的真相，但是人的理性與生存環境息息相關，與傳統所衍生的豐富文化底藴有關，不可能完全超越文化傳統的思維脈絡。他認爲，人生活在文化傳統之中，就不可能「遺世獨立」，以全能超越的抽象思辨來認識傳統，甚至是批判或顛覆傳統。傳統是歷史文化延續與傳承的表徵，不會一成不變，而我們的認知理性也會因時代變遷，而不斷重新詮釋傳統。伽達默爾的闡釋學以西方文化傳統爲例，説明新知如何納入傳統，而使文化傳統生機不斷，生生不息，與中國歷代經學家的説法（朱熹除外），有异曲同工之效。以此觀照民國時期的漢學譯著，我們認爲，這批學術新知傳入中國，對中國文化傳統的繁衍與發展，實有承先啓後之功。

近代海外漢學名著叢刊的出版，最值得感謝的是南兆旭先生二十多年來搜羅的執着與努力。雖然這套叢刊不能窮盡民國時期的漢學譯著，但是，能滙集上百册自一九四九年以來在國内不曾重印的學術著作，再度公之於世，總是功不唐捐的大功德。忝爲本叢刊的主編，我面對這批民國學術材料，先是感到紛雜無章，有些原作者的學術素養也難副當前的學術標準，甚爲猶豫。後轉念一想，這是上個世紀中國最紛亂時期的學術記録，也是民生凋敝，國勢隤危，内亂外患交加之際，仍有許多學者孜孜矻矻，戮力翻譯域外漢學，爲中國學術的傳承拓展新知的坦途，不禁肅然起敬，開始用心整理分類。掛一漏萬，在所難免，好在有學殖豐贍的諍友擔任分卷主編，並撰寫各分卷前言，實在是衷心銘感。有傅杰教授負責「歷史文化與社會經濟」、戴燕教授負責「古典文獻與語言文字」、霍巍教授負責「中外交通與邊疆史」，吾道不孤矣。在整理編輯過程中，周威先生費心最多，也是我要衷心感謝的。

道術之存亡，全在人心之嚮背。這批民國漢學譯著重新問世，對我們生長在承平之世的學人，應當有激勵的作用，爲學術研究多盡份力，讓中國學術發展更上一層樓。

鄭培凱

二〇一五年七月

前言／

一九四九年，身在美國的鄧嗣禹在遠東季刊發表近五十年中國歷史編纂學，總結半個世紀以來中國歷史編纂學從保守走嚮開放，「先是受日本，然後是英國、美國、法國，最後是蘇聯等影響」，既擴大了史料的範圍，又應用了科學的方法，把重點從帝國的政治事件轉移到社會經濟方面，終於「取得了巨大的進步」。鄭培凱教授主編的近代海外漢學名著叢刊，正是鄧氏提及的各國影響中的一部分——甚至堪稱是主要的部分。

本分卷主要包括兩大類：一是歷史文化，包括渡邊秀方中國哲學史概論、三浦藤作中國倫理學史、津田左右吉儒道兩家關係論、服部宇之吉儒教與現代思潮、五來欣造儒教政治哲學、濱田耕作東亞文化之黎明、梅原末治中國青銅器時代考、新城新藏中國上古天文、卡特中國印刷術源流史等；二是社會經濟，包括沙發諾夫中國社會發展史、駒井和愛等中國歷代社會研究、柯金中國古代社會、森谷克己中國社會經濟史、田崎仁義中國古代經濟思想及制度、卜凱中國農家經濟、馬札亞爾中國農村經濟研究、克拉米息夫中國西北部之經濟狀況、高林士中國礦業論、長野朗中國資本主義發達史等（以上作者譯名一仍所收各譯本）。這些著作引入中國的背景與影響，培凱教授的總序已經作了高屋建瓴、提綱挈領的論述。這裏衹就著作、作者、譯者三端分別舉例，略作一些補充説明。

先説著作。包括本輯在内，本叢書所選入的日本學者論著佔據了多數。曾有西方的東方學家概括日本學術實爲三餘：文學竊中國之緒餘、佛學竊印度之緒餘、各科學竊歐洲之緒餘。其言雖刻薄，却一針見血。但也正因善於嫁接，所以在用西方研究模式梳理中國歷史傳統方面，日本學者往往最具搶佔先機的便利，他們的著作也成爲當時的中國最多引進與借鑒的對象。例如梅原末治藉助於西方科學方法來分析中國青銅器的器形、成分，進而推論其時代的中國青銅器時代考在半個世紀中産生了廣泛的影響，如歷史學家吕思勉在先秦史中就引用過他對殷商時代青銅器的分析，考古學家黄展岳在關於中國開始冶鐵和使用鐵器的問題中則對他殷代已知用鐵的觀點提出駁正。卡特的名著出版至今九十年，仍然是時常被引用的經典，除早期的節譯本，一九五七年北京出版了吴澤炎譯的中國印刷術的發明和它的西傳，一九六八年臺北出版了胡克希譯的經傅路德修訂的卡德著作新版中國印刷術的發明及其西傳。其書既出，哲學大師杜威也給以好評，桑原騭藏、鄧嗣禹發表了長篇書評。直至本世紀芮哲非的新著谷騰堡在上海：中國印刷資本業的發展（一八七六—一九三七），還指出正是卡特著作的出版，因其表彰中國印刷術的悠久歷史和對世界印刷史的巨大貢獻，迅速影響了一批中國學者，進而影響了近代以來的中國印刷史書寫。其實，受影響的還不止是印刷術與中西交流史的學者。以夢溪筆談校證而蜚聲中外的當代夢溪筆談研究第一人胡道静回憶，正是從卡德的書中，他才知道夢溪筆談：

> 卡特的書説明了史料的來源，還特别夸譽了夢溪筆談這部著作，説它這好那好。於是我這個當時對古籍祇讀先秦、兩漢之書的小伙子就迫不及待地去找這本沈括的名著來閲讀了。（夢溪筆談校證五十年）

至於沙發諾夫、柯金、馬札亞爾等用唯物史觀來研究中國社會經濟史的論著，在蘇聯和中國都引發過爭議，而在當時就有學者指出，陶希聖等人對魏晉時期中國社會性質的看法，即深受沙發諾夫中國社會發展史的影響。

次説作者。各書作者背景各異，身份不一，研究中國的目的也頗有差距。其中既有津田左右吉這樣的學術大師，更不乏各學科中的權威名家，而且不少跟中國還有密切的聯繫。如濱田耕作與梅原末治師徒都在中國從事考古多年，不僅以自己寫下的著作、也以自己參與的活動，影響了中國考古學的發展，甚至用自己的工作給中國考古學家樹立了榜樣。早在一九二六年，北京大學國學門的考古協會與日本東亞考古協會成立東方考古協會，被譽爲日本考古學之父的濱田耕作就參與其事，一九二九年他又與高足梅原末治再赴北京演講，爲正起步的中國現代考古學注入了新的信息。其後梅原又在上海、天津、河南等地調查文物古迹。撰中國上古天文的天文學家新城新藏在二十世紀三十年代出任過上海自然科學研究所所長。撰中國農家經濟的美國學者卜凱從康奈爾大學農學院畢業後，次年即來安徽宿州，以傳教士的身份從事農村的改良試驗與推廣，在中國致力農業經濟學的教學與調查幾三十年。同樣是以傳教士身份在安徽宿州從事教育與宗教活動長達十二年的還有美國學者卡德——而他一生衹活了四十二歲。在離開中國後他一直從事中國學術的研究，在伯希和指導下研究中國印刷術的發明與西傳，傾注了滿腔的熱情，用盡了全部的心力，終以勤勞過度，在該書出版的當年與世長辭。

末説譯者。當年就有學者感慨，外國的漢學著作可資參證者甚夥，但譯著的數量與質量總體而言殊不令人樂觀，通西文者多鄙棄漢學，治國學者又忽視西文。從事者的學養並不都足以勝任這類專門著作的翻譯，因此有的譯文比較粗糙，但就已有的成績來看，仍有可稱道者。一是有的著作不止出版了一個譯本，如濱田耕作東亞文化之黎明、馬札亞爾中國農村經濟研究等時隔不久就出版了不同的譯本；有的甚至同一年中就出版了兩個譯本，如森谷克己中國社會經濟史在一九三六年既由中華書局出版了孫懷仁的譯本，又由商務印書館出版了陳昌蔚的譯本。二是譯者之中不乏後來的著名學者。如高林士中國礦業論的譯者是曾擔任北京水利水電學院院長多年、爲中國水利事業做出了卓越貢獻的中國科學院院士汪胡楨。在年過九旬之後寫的自述中，他還憶及當年由丁文江介紹認識了中國礦業論的作者、並受作者之托翻譯該書的經過。而梅原末治中國青銅器時代考的譯者則是舉世公認的甲骨學與殷商史權威胡厚宣，身爲中央研究院歷史語言研究所的研究人員，他正是在參與殷墟發掘之際譯出梅原末治的著作的。

世事沉浮，風雲變幻，這些昔日的譯著有的還在被學者屢屢提及，有的則塵封甚久，不再被人記得。如今輯而再印，使之重見天日，是既富於現實意義，也富於歷史意義的。現實意義在於這些譯著中的若干材料仍可供今天的讀者取資，若干見解仍可給今天的讀者啓示；歷史意義在於這些譯著中的部分雖然陳舊過時，無論材料還是觀點都被證明千瘡百孔，但它們在中國現代學術史的建立與發展進程中都曾經多多少少起過作用——因此它們不再僅僅是外國漢學史的組成部分，實際上也已經成爲中國學術史的組成部分，是我們不能輕忽，更不能遺忘的。

傅杰

二〇一五年七月

作者簡介

著者

濱田耕作（一八八一年—一九三八年），別稱浜田青陵，近代考古學家和漢學家，被譽爲「日本考古學之父」。他在京都大學創立考古研究室，開設考古學講座，日本大學中自此始設置正規的考古學課程，日本學院式的考古學從此開端。他在日本考古學上的功績，在於將歐洲各國、特別是英國考古學的理論和方法引進日本，講求田野調查發掘工作的方法，重視器物類型學，等等。其主要著作有通論考古學、東亞文化之黎明、東亞考古學研究等。

譯者

汪馥泉（一八九九年—一九五九年），曾用筆名馥泉、正禾等，浙江杭縣（今餘杭）仁和鎮上纖埠人。中學畢業於浙江省立甲種工業學校（浙江大學前身），一九一九年東渡日本留學。他是中國現代文學史上著名的作家、翻譯家、編輯家和出版家，同時也是教授、學者、語言學家、教育家、文學研究會會員，是在中國現代文學史上有過特殊貢獻的歷史人物。

目次

圖版目次

原序

本書底內容，係于一九二八年十一月，在京都帝國大學底特別講演中，分三次講演曾分載于歷史與地理雜誌的。現在單行而成一書，有加以若干的修訂的處所，但在大體上不敢有所變更。當時曾以多數的幻燈映畫輔助講演、現在選擇其重要的若干，插入本書中，祇其一小部分。如這關于東亞文化底黎明的硏究這麼的廣汎的問題，固非如此的短時間的講演，小册子底論說所能盡，又一方面不但希望精細反常常失却要領，而煩瑣的詮釋到底是專門學者底工作，一般人士所需要的知識，如其信任其成果與綱要，那末，這小篇對于讀者也不一定是全然無用的東西吧。所以應刀江書院之請，而刊印單行本。又作爲附錄而揭纇的日本文化底黎明一篇，是去年十一月史學會大會底講演，雖與本篇不無多少重復的處所，但因爲也有補其不足，述所未及的，所以把它附載了。還有，我們底研究底一端，另集爲東亞考古學研究，行將出版。望好學之士參照之。

一九三〇年二月　濱田青陵

一 序言

我在約距今六年以前，曾在類似的題目之下，論述過同樣的問題【註一】。又當把這論述纂入集合我底雜文的書中的時候，因爲許多新的研究相繼產生，有了好多不能不修訂我底議論的處所，所以曾經附記着待有機會來發表它的意旨【註二】。這次的講演，所以選定本題，除相信這個問題也許在諸君很感興味之外，還有一點，是因爲想趁這個機會來修訂我底前論。因而預先聲明，與前論全然相同的處所很多，同時，或者改變或者增益的處所也不少。在改變前論的處所，打算一個個地指摘出來。

以中國爲中心，接近其東方的朝鮮半島與日本羣島，其天然的地形上，歷來形成一個親密的文化的團體，這現在是不必再說的事。但這東亞底文化，如何地產生，又經由如何的徑路，文化汲及其團體底各部，又其年代如何等問題，在我們，是最痛切地感到興味的問題。關於這一點，由於近來的各種自然科學、文化科學，尤其是考古學底進步，藉從事于這些學術底研究的學者底努力，這些問題，漸漸在解決了；但其充分的結果，當然有須俟諸將來的，這是不消說的事。雖則不充分，雖則漫漶，但漸漸得到科學的立脚地，有了解決底端緒的處所已不少；關于「東亞文化底黎明」的研究本身，已入黎明期，這是可以說了。因此，或者，現在由于資料底貧弱而來的假定說，也得到了豐富的證據，更增加了確實性；或者，謬誤的推測，其本身即令被破壞，但正確的見解，也可以從這里伸引出來罷。所以我下面，主要的，是想從考古學上，以中國爲中心，就朝鮮、日本即東亞底文化底源流，基于現在的學術底造詣，有了如何的觀察法，尤其是我自己底觀察法如何，敍述一個大概。

註1 在一九二二年一月大阪朝日新聞上數次連載。後來，該文集錄于朝日新年文集中。

2 見拙者百濟觀音（一九二六年）。

二　東亞底舊石器時代

人類文化底自然的發達底歷史，經過石器時代、青銅器時代、鐵器時代的所謂文化底三時期，這是不獨在歐洲，在亞細亞大陸，也大體上適合的現象。當然，不經過青銅器底使用便進鐵器時代這種稍稍變則的底發展，也並非沒有；但在知道金屬底使用以前，人類有以石作利器的時代，這從現今的野蠻人底實際上來推測，是幾乎不容疑慮的。

因此在中國，在周、漢時代底燦爛的金屬文化發現以前，中國既非無人之地，不論造成它的是漢民族或其他民族，總之，石器時代的文化在中國存在過，這是誰都能推測的。不但如此，近年來學界底傾向，求人類底初現地于亞細亞大陸底高原地（卽自中央亞細亞至蒙古一帶），這更使我們在中國期望着最古的人類底遺物了。便是一反于歷來許多學者求人類底初現地於歐洲西部的地方或其它的地方，現在說並非森林地而乾燥的高原地方的中亞、蒙古地方，為人類——更古的一切龐大的哺乳動物底根源地的學說占勢了。如美國底奧斯朋博士（Henry Fairfield Osborn）是這種學說底『選手』；終於在兩三年來，派遣大探險隊到蒙古地方，安德留斯氏（Roy Chapman Andrews）等學者陸續地得到了偉大的結果，這是在諸位底耳目中也尚新鮮的罷。這次探險底結果，雖不幸未發見人類底祖先底遺物，但是使這人類底初現地為中亞地方的思考漸漸鞏固了。總之，在亞細亞大陸中，鄰近中國的中央亞細亞是人類底發祥地這思考，在我們是頗有興味的事【註一】。

但這人類底初現地在什麼地方的大問題，暫且不講；人類文化底最古的階段的，這石器時代中的舊石器時代，在歐洲各國有着許多的舊石器時代底遺物，在中國存在着嗎，這是須得研究的。這舊石器時代，是隨着已經絕滅或變更了棲息地的哺乳動物，人類棲息着，專使用最原始的不加磨製的石器的時代，至少被想像爲二萬年以上的古昔的時代；顯示這舊石器時代底人類底存在的證據的遺物，迄數年前，在中國附近，全然不知道。但我在以前的論文中，曾說雖還不能知道舊石器時代底確實的遺物，可那廣大的學術的未開地上的將來的發見，不但決不能否定，從理論上講，也不能否拒其存在；實際上，這舊石器時代底遺物底發見，在這幾年來，在中國底附近，儘在被報告，這是可驚且可喜的事。

就是，在中國底西北端西伯利亞，在葉尼塞河（Yenisei R.）上流密奴新斯克（Minusinsk）地方，早自一八八六年以來，薩文珂甫氏（Savenkov）、德·倍伊氏（De Bay）等，發見類似歐洲底自摩斯梯期（Mousterian）至奧利納克期（Aurignacian）的東西的舊石器，其地層及共存動物底狀態，其後於一九二〇年，也由梅爾哈脫氏（Merhart）確定了【註二】。其次，在中國陝西省底北部鄂爾多斯（Ordos,河套）地方，一九二三年，法國底學者利桑、台伊拉爾·德·夏爾唐兩師（E. Licent, Teilhard de Chardin），發見了確實的舊象與犀等動物底遺骨，及以爲是摩斯梯或奧利納克初期的形式的石器，這不能不說是最重大的事件【註三】。又安德留斯探險隊底考古學方面的專家納爾遜氏（Nils C. Ne-

圖版第一　中國舊石器

陝西省鄂爾多斯(河套)地方 Choei-tong-kou 發見(利桑師)。

利桑師著:中國舊石器所載

lson），在戈壁沙漠中，發見摩斯梯期的石器，據說還有更古的亞休爾期的石器似的東西【註四】。（這最後的戈壁發見品，正巧去年，我在紐約，承納爾遜氏給參觀過了的。）由於如此的最近的發見，我們至少可以知道，自中國北部到蒙古西伯利亞北方，製作那與歐洲底舊石器時代中，其後期摩斯梯或奧利納克期的石器相類似的器具的人類，在悠久的古代，曾經棲息過。但這人類，並非舊石器時代前期的人類那麼的舊人種，是屬於現存的人類(homo ricens)的，這是明明白白的事；可這便是漢民族底祖先否，却不易知悉。但說這是絕對無關係的，這却不能再作這以上的斷言了。又在日本、朝鮮，這個時代底人類底遺物，還沒有發見；但在理論上、說將來不能發見，是決不會的。

註　參考書，以下，只是寫下最近便的幾本。

1　Osborn;Man Rises to Parnassus, Critical Epochs in the Prehistory of man. (1928)

2　Merhart; The Palaeolithic Period in Siberia; Contributions to the Prehistory of the Yenisei Region, translated by Mac Curdy. (American Anthropologists, 1923)

3 Licent et Teilhard de Chardin; Le Palaeolithique de la Chine. (L, Anthropologie, 1925)

Boule, Breuil, Licent et Teilhard; Le Palaeolithique de la Chine.(1928

4 Nelson the Dune Dwellers of the Gobi. (Natural History, 1926)

Andrews; On the Trail Of Ancient Man. (1926)

三　中國底新石器時代及其人種問題

中國底舊石器時代底遺物，如前所述，是最近才發見的〔註一〕；其次，進了新石器時代，是如何？這個時代底遺物，是很豐富地被發見了的；不但在中國，在朝鮮、日本也存在着，在亞細亞其它的地方也廣汎地分布着。關於這新石器時代的智識，在文獻上是很早就殘存着的；但在考古學上，也祇自二十年以前，才漸漸明白的。就是勞弗爾氏（Bethord Laufer）等在陝西、山東地方蒐集的磨製石斧之類（其中，有孔的石斧也很多。）【註二】，羅振玉氏自河南彰德府底殷墟，與骨牙的製作品一同到手的磨製石廚刀之類，及在遼東半島，以旅順底老鐵山附近爲始及貔子窩等，鳥居博士及其他曁我們底調查研究了的遺跡及遺物【註三】等，是稍前知道了的主要的例子。近年，瑞典底安特生博士（C. G. Andersson）在奉天、河南、甘肅等，發見新石器時代及自新石器時代至金屬時代的過渡期底頗重要的遺物；又納爾遜氏，在蒙古戈壁沙漠，發見舊石器時代的東西，同時也發見新石器。如此，在新石器時代，自中國底中央部到西疆東邊，到處有人類居住着的證據，已確實地舉了出來了。

從科學的基礎上，來講人類自石器至青銅器、鐵器底使用為三個階段的發達的，是到十九世紀，丹麥底學者們才講了出來的，這是諸位所知道的；有趣的是，在中國，早在定為漢代寫成的著作越絕書中，在楚王與叫作風胡子的哲學者似的人物關於鐵劍的問答中，看到一種的「三時期」觀。風胡子說，在太古軒轅、神農、赫胥的時候，兵器以石製作，在黃帝的時候以玉製作，到禹的時候以銅製作，現在則製作鐵兵。夏德博士（Hirth）與林泰輔博士等，以這爲證明中國底石器時代底存在的材料。固然，這個議論底根底裏，也許潛在着一種的歷史的記憶；但我們現在，却不能便以這證明中國底石器時代。只有根據實際的考古學的資料，以科學的考察來進行。因此，以適才講的越絕書底文句來看，現在在中國發見的石器，當然說是中國人底祖先所使用的了；但當眞我們從考古學上看到的，與這相同否，這須得研究一下。

勞弗爾氏所蒐集的石器類，原本不是勞氏自身底學術的發掘底結果所獲得的，所以其學術的價值很少；據勞氏說，這些磨製石斧，是從中國人認爲周代底古墳中發掘出來的，其中有孔石斧很多，這因爲其形式與周代等所用的叫做圭的玉器很類似，或者甚至看作全然與圭同樣的，所以這些磨製石斧看作中國人卽漢民族自身製作使用的，實是自然的觀察法。又於上述的圭之外，叫作壁的有孔圓板狀的玉器，如林博士〔註四〕與夏德氏等所說，不但可以看作石器使用底遺風，後面詳述的河南省殷墟發見的石廚刀，其製作底式型被看作金石並用時代的東西，與骨鏃及其它的骨角製品伴出，這也被看作漢民族祖先的東西，這是最自然的見解。但我訝異：勞弗爾氏一方面承認陝西底石斧等與玉斧底關係，爲什麼却躊躇於推測中國底新石器時代底存在——尤其是中國人底石器使用時代底存在呢〔註五〕？

其次，講到安特生氏，是就實際的遺跡加以調查且舉行發掘的，所以其考古學上的結果，比勞弗爾氏要重要得多。關於安氏底發見品，打算在下節中詳述，例如在河南省澠池縣仰韶村，發見石器，闡明石斧中，尤其是有孔石斧、石環、半月形或長方形的石廚刀等，是有中國石器底特色的東西，又對於與這些東西相伴的土器，也注意到，以將所謂鬲形的器形爲代表的單色土器爲中國新石器時代底特有的東西，說這有文化的，便是中國人底祖先的原中國人（Proto-Chinese）【註六】。

在近於中國邊境的山東與南滿州發見的石器，也與陝

圖版第二　中國及滿洲新石器

(左上)(右下)中國玉斧;(右上)中國河南出土石斧;
(左下)滿洲貔子窩出土石廚丁;(右中)滿洲旅順出土石斧;
(其他)滿洲旅順等出土石鏃及石針

日本京都帝國大學文學部藏

西方面的同樣，有有孔石斧之類，在全體上來看，我以爲毫無特異點；以在日本、朝鮮及其他太平洋沿岸很多看到的有孔的石廚刀等底被發見這稍稍特殊的現象爲理由，有的學者說這是漢民族以外的民族遺留下來的罷。就是，鳥居博士等以爲這是自黑龍江附近擴至南滿州、山東邊界的通古斯族即肅愼氏底遺物，而據謂古昔居住山東的嵎夷、萊夷等也不外於這通古斯族【註七】。當然，這見解也是一種的觀察法；但是，那末爲什麼在南滿州，發見與陝西等的同樣的有孔石斧的呢？又爲什麼土器中也出中國文化特有的鬲形土器的呢？又爲什麽不能承認與以通古斯族擴展到山東、遼東諸地方相同的程度地，漢民族早早擴展到這些地方呢？又，沒有必須拘泥於嵎夷、萊夷等文字的必要。居住中央的漢民族，將棲息邊陬，在文化底發展上落後的同種的民族，看作夷狄，並不是不可能的事；我是相信山東、遼東底石器時代底遺物，在大體上也是漢民族底祖先即安特生氏等底『原中國人』所遺留的罷的一個。就是，我以爲：與遼東半島及山東地方有通古斯族底分布一樣，推測漢民族在漢武帝時的大征服以前，早自有史以前有人種的波動，也擴展到這些地方，或者兩人種底消長有一進一退，其間幷形成了人種的混合的；但從所說的中國式有孔石斧及鬲形土器等底存在上來看，對於說它與漢民族及其文化沒有關係的說頭，到底不能贊成，所以如適才所說，將它在大體上當作漢民族底祖先所遺留的。他們固然以狩獵漁撈而生活，作小部落居住，但到後來，是經營簡單的農業（hoo culture）了，這也可從遺物上推察出來。那末，這新石器時代底年代，是從什麼時候開始的，這雖不易知道，但如一部分的史家所相信的那麼，比較的不是新的，至少可以追溯到公歷前數千年前罷。但這個時代終了後，進入金石並用期，這如後所說，在中央部可以看做在殷代的公歷前一千五百年前後，在邊疆地方可以看做在周末時（即公歷前三四百年）。

註1　有些學者，在舊石器時代之間，設中石器時代（mesolithic age），現在暫不用這名稱。

2　Laufer; Jade. (1910) 及其它。

3　參照鳥居龍藏博士南滿洲調查報告（1911），八木奘三郎君滿洲舊蹟志、滿洲考古學，東亞考古學會編貔子

圖版第三　中國原始土器

(左上)(右上)(左中)河南仰韶出土(安特生發見；
(左下)中國出土,(右下)　滿洲貔子窩出土甗形,
(左上)(右上)西林氏中國古代美術史所栽,
(左下)日本京部帝國大學文學部藏　(右下)旅順關東廳博物館藏

窩等。

4 林泰輔博士從中國古代底石器玉器上看到的漢民族（史學雜誌第三十編）。

5 參照濱田耕作有竹齋古玉譜中的中國古玉概說。

6 參照下節註中的安特生氏等底著作。

7 鳥居博士南滿洲調查報告。

四　彩繪土器與西方文化底關係

在自中國底新石器時代至其末期的時代底遺物上，又加上了新資料與新見解的，這便是前面講到一句過的安特生氏發見的遺物。這于一九二一年，始于河南省澠池縣仰韶村發見，又于一九二二年，從奉天省錦西縣沙鍋屯底洞穴中也被發見，又于一九二三年，從遠在西方的甘肅省、青海附近，也發見了許多，與石斧、石厨刀、石環之類相隨伴，發見了土器。有金屬器，雖則很少，也隨伴着發見的場合，所以安特生氏，把這些東西看作自新石器時代至金石並用期的時代的東西；最有味的，爲其土器，于黝黑色等的單色土器的粗糙的東西之外，有在磨研的赤色的地上，以黑色等畫以模樣的所謂彩繪土器（painted pottery）〔註一〕。單色土器，與自滿洲方面也發見的石器時代底土器及漢以前的土器等似無大差異。至于彩繪土器，其形態非常美麗齊整，全體底調子絕不是『中國的』，却有西方氣，一看，很類似亞美利加土人底土器；如在舊大陸上求其類似，那末，與在土耳其斯坦底亞惱（Anau）地方由美國底帕姆皈利(Pumpelly)探險隊底休米脫博士(Hubert Schmidt)發掘的土器及斯坦因博士（Stein）在賽伊斯坦（Seistan）獲得的土器，暨南俄的黎波里埃（Tripolije）底土器相類似，此外，與自波斯底斯薩(Susa)、巴比倫地方擴展到東歐羅巴，例如羅馬尼亞底古古台尼（Cucuteni）等的彩繪土器同趣。

這里，發生了這彩繪土器及與這相隨伴的中國底新石器時代底文化，是如何地發生的問題。就是發生了與其人種一同從西方進來的呢，還是單只其文化技術受了西方底影響而成就的這問題。關于這問題，發見者安特生氏，老早說，這是浴于與產生西方各地底彩繪土器的同樣的文化中的『原中國人』，在新石器時代，從土耳其斯坦邊疆移動到中國西疆，入甘肅，終于到了河南及其它地方，遺留了這土器的罷。反之，同是瑞典人的言語學者珂羅倔倫（Bernhard Karlgren），說中國人在這彩繪土器的文化以前，早已居住在中國的地方，製作鬲形的三代土器，後來，從西方，陶器文化與有陶器文化的民族，一同流入了中國【註二】。又亞惱底土器底發掘者休米脫氏，指摘這中國底彩繪土器，在代表的黎波里埃等的東西的西方羣與代表亞惱、斯薩等的東西的東方羣之間，實類似西方羣；主張西方文化在新石器時代，從北歐及東南歐洲，流入中國（及日本）【註三】。

我于安特生氏發見的甘肅土器，在中國北京底國立北京大學所收藏的之外，幸于去年到瑞典斯德哥爾摩，得見

圖版第四　中國甘肅彩繪七器

甘肅出土彩繪及單色土器

(左上)(右上)仰韶期,(左中)(右中)馬廠期,(左下)(右下)寺窪期,

安特生氏發見(西林氏中國美術史所載)

其大『收集』，親聆安特生氏底說明。安氏將他分作六期，最後的，是屬于與後面要講的斯基塔文化有關係的時代的，安氏底人種說也覺得多少有點不同；但總之，說這中國底彩繪土器與西方與底彩繪土器有關係，如弗朗克福脫(Frankfort)爲例外之外，大多的學者都不加以懷疑罷。因此，我自己比較安特生氏與珂羅倔倫氏底兩說，以爲珂羅倔倫氏底說頭較宜。就是，中國人至少，自新石器時代，已居住在中國的地方，其末期時，彩繪土器的文化與新的人種，一同侵入了來。如其安特生氏與土器一同發見的河南、甘肅、奉天底人骨，據勃萊克氏(Davidson Black)底研究，是可以稱爲原中國人的【註四】，那末，這人種文化底流入，也不是根本地變更了中國人底血液的程度的，外來的要素，不久便被同化了。西方的人種文化流入中國的事，是有史以後也始終在反覆着的現象，恐怕這是有史以前的人種的文化的波動底最顯著的之一。安特生氏，把隨伴這彩繪土器的文化的時代，作爲公歷前三千年前後，這似太早，不能信從；但其最終期，約當周末時罷。

這里順便，就中國與西方底關係要講到一句的，是歷來在學者之間通行的中國人種文化底西源說【註五】。那拉克伯里氏(Terrien de Lacouperie)在半世紀前已提出了的，說漢民族底搖籃地在巴比倫，黃帝以巴克族（百姓）爲統御者而東征了的說頭，利希脫霍芬氏（Richthofen）說自西域于闐地方西移的說頭，暨大約十年前薄爾氏(Ball)說巴比倫底古住民斯梅爾人(Sumerians)與漢民族是由同一根源分出來的說頭，多是以言語文字底比較等爲根據而出發，便以後來的漢民族與西方歷史上的民族關聯了起來的，從學術上來看，不能不說是頗薄弱的說頭。但關于中國人在人種上及在文化上，與西方都有深切的關係與交涉，是考古學上的所見也證明了它的，這在前面已講述過。這固然與東亞底文化沒有直接的關係，但如兩三年前在西北印度地方發見，由賽伊斯博士（Sayce）等使注意了的原埃拉姆（Proto-Eramite）的底印象文字，的確證明了巴比倫底文化與印度西北地方底關係；并使感知其彩繪土器也與中國發見的彩繪土器有關係。如此，便不能不承認世界底文化，不獨現今，是自悠久的古代，亘東西都有關係，都有交涉的。

註

1 Andersson; An Early Chinese Culture. (Bul. Geol. Surv. China, 1923); The Cave Deposit at Sha-Kuo-tun in Fengtien. Pal. Sinica, 1925); Preliminary Report on Archaeological Research in Kansu. (Mem. Geol. Surv. China, 1925); Arne, Painted Stone Age Pottery from the Province of Honan. Pal. Sinica, 1923)

2 Karlgren; Andersson's Arkeologiska Stūdier i Kina. Litteris, Vol. I. No. 2)

3 Hubert Schmidt; Prehistorisces aus Ostasien. Zeitsch. f. Ethnologie' 1924)

4 Davidson Black; Human Skeletal Remains of Sha-Kuo-t'un and Yang-shao-tsun

5 這段的參考書，過煩不錄。

五　殷墟底遺物與金石並用期

中國底新石器時代的文化，始於什麼時候，這要確鑿地講，很難；但如前所述，在中央部，自殷代時起，已儘在稍稍使用銅器，似進了新石器時代底終了的所謂金石並用期。說到這是根據怎樣的證據的，是殷墟發見的遺物，爲其主要的證據。這我在數年前也曾訪問過，在河南省彰德府安陽縣叫小屯子的村落底附近，說是殷代盤庚以來底故都，自一八九九年起，發見遺物，將它以稍形充分的形態介紹到學界上來的，可以說是中國底考古學者羅振玉氏罷。

其遺物，以石器、骨器、土器、青銅器爲始，有刻着文字的獸骨等。但是因爲還沒經過充分的學術的發掘，在其遺物底層位的關係等上有不明的處所；但總之，給與中國古代文化研究上的光明，不能不說實在不少。在其石器

圖版第五　殷墟遺物（一）

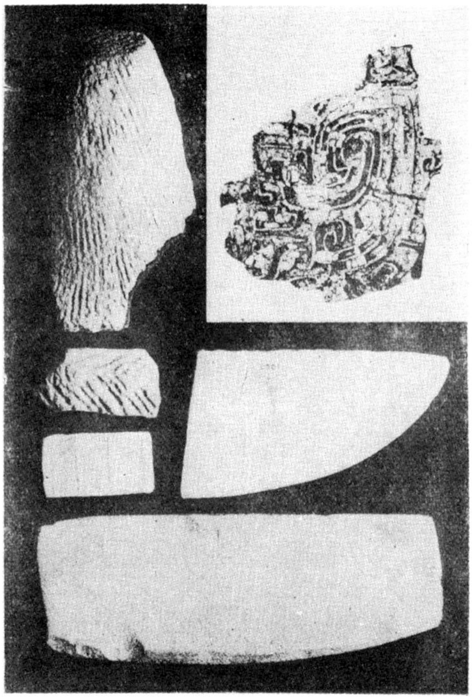

河南彰德府殷墟出土遺物

(上)(左中)石廚刀，(右小片上)大理石片，(左下銅器劍頭，

(右小土片下)(右下)器破片，

日本京都帝國大學文學部及羅振玉氏藏

中，有長方形或直方形的石廚刀，又有石斧。從其製作底式型上來看，如賽伊斯博士也說過的那麼，是使想像一方面已開始了金屬底使用的，又實際上，如銅器底破片，也發見了一些。骨器中，有骨鏃、骨笄之類，如後者，與埃及底王朝以前的，稍有類似處〔註一〕。

但最有趣的，是發見了彫刻着與說是所謂三代底古銅器的全然同樣的饕餮雷紋系統的模樣的象牙，與獸骨的裝飾品及白色土器。這白色土器到底是怎樣使用的東西？當然，絕不以爲是殷代人當作日常什器使用的土器。只是以爲，如新石器時代底土器那麼，單色粗糙的東西，有繩紋的赤褐色或黝色的東西，是日常的土器。於是，有的推測這是王侯貴族所使用的東西，或用於祭祀等的特別的器物(object de lux)，其以精良的白色的陶土而製作的，是用以替代象牙的；所以，這也使用於銅器底原型的說頭，便發生了【註二】。在這里，關於這些議論，暫不深究，總之，如上所述，如其以少數的青銅器與石器、骨器存在於同一層中，又如其相信這土地是殷代底都址，那末，可以推定，在這殷的時代，卽在公曆前一千二百年左右，至少，中

圖版第六　殷墟遺物（二）

河南彰德府殷墟出土遺物
（上）象牙彫刻，（下）白色土器破片，
日本京都帝國大學文學部藏

國民族底一部分，已由新石器時代進至青銅器時代的文化了。

又自殷墟中發見的東西中，重要的是刻着文字的獸骨；實際上，羅氏等中國底學者，特別注意到這個地方底發見品的，是這古昔的獸骨底文字〔註三〕。這是以在牛骨、龜甲等底裏面，穿了孔，燃燒那個地方，在表面上發生的卜字狀的裂紋，以供卜筮之用的，先將其所要卜的用件的文字刻記在骨上，我雖則不能讀，但據羅氏等底研究，其內容以祭祀、田獵等事爲主。由此，可以知道當時的宗教思想與種種社會生活底狀態，所以實在，當作中國古代史底文獻，可以說是最古的東西。在其文字中，配合干支而起了的殷代帝王底名字等，也能看到【註四】。但某學者，以這骨板上的文字是簡單的『線的』文字，而所謂商、周等底銅器底銘上的銘文的文字却是『繪畫的』，所以是不自然的理由，及其它紀年法等點，懷疑這東西不是眞品【註五】；但如其看到埃及在繪文字以前，有更古的線的記號，與繪文字同時有略字存在着，便毫無懷疑的理由了。

我在實際上，曾一看其發掘地，又從最近董作賓其人底試

圖版第七　殷墟遺物　(三)

河南彰德府殷墟出土遺物

(左上)骨製刀柄，(上中)骨製笄，(左下)骨鏃，(下中)骨牙彫刻，(右上中下)獸骨文字，

日本京都帝國大學文學部藏

掘底結果來推想，斷不能把它看作贋品，但其後市場上有許多贋品出賣，這是事實。

總之，殷墟，有當作遺跡，尚未作充分的學術的調査的遺憾，但其遺物底大部分，作爲周以前的東西，在其性質上，毫沒什麼差池；我們由此，可以說發見了連絡中國底古典時代與先史時代的一個『環』。在這一點上，殷墟底發見，與在使連絡希臘底古典時代與先史時代上作最初的大貢獻的休利曼底發見相比較，也沒差異罷。

註1 參照羅振玉君殷墟古器物圖錄，林泰輔博士關于殷墟

底遺物研究（東亞之光第十四卷），Maspero; La Chine Antique.（1927）第二章底參考書。

2 濱田耕作中國古銅器研究的新資料，傳爲殷墟發見的象牙彫刻與土器（國華第三九七號），Hamada; Engraved Ivory and Pottery found in the Site of the Yin Capital.（Memoir of the Research Dep. of Toyo Bunko, No. I, 1926)

3 內藤虎次郎博士王亥（讀史叢錄）等。

4 劉鐵雲鐵雲藏龜，及羅振玉殷商貞卜文字考，殷墟書契，殷墟書契考釋等。又一九二八年，在蔡元培氏之下工作的董作賓氏底試掘，發見了骨板三千點，有文字的七百個。

五 飯島忠夫君中國古代史論（東洋文庫論叢第五）等。

六　中國青銅器文化底極盛期

中國在殷代，自金石並用期，似終於儘在進入青銅時代，這是適才所講的殷墟底遺物告訴我們的；這個青銅器時代的文化，其後經過數世紀，到周代，終於達到了這個文化底極盛期。這，那周代底古銅器，是最具體地表現出來了【註一】。現在如其把殷末周初作爲公歷前十一世紀，把周末作爲公歷前三世紀，那末，中國底青銅器時代，比西方各國要遲得多。在埃及，新帝國，在殷代中葉已滅亡了；在西亞，亞西利亞國，到殷代末葉。只希臘米凱奈（Mycenae）底文化，自殷至周初都繁盛着，這個年代，正好中國也到了青銅器時代的文化底極盛期，製作那樣的古銅器，毫非不可思議的。也許有人以爲周代底銅器不能一概說是那麼古的東西，但這是不知世界底大局的謬見。

其次，發生了這個銅及青銅底使用，在中國是獨立地起來的，還是由於一個中心波及到中國的問題。關於這個問題，有種種的說頭，又實際上，雖則還沒有充分的硏究，但我以爲，至少，在舊大陸，是由西方亞細亞底一個中心起來，傳播到各地的。如其如前所述，在新石器時代，與西方的文化的交涉，也早已有不少存在着，那末，雖則現在關於其徑路還不能明確地知道，可是關於銅及青銅的智識是由西方傳到中國，這是很可以說的。固然，這是說銅及青銅底使用的知識是由西方開始傳來的，其後，在中國的土地上採掘了銅，這是不消說的。如其中國不產銅，不論什麽時候都須自外國輸入其材料，那末，便決不能看到那樣的青銅器文化底隆昌。古代時，在中國，南方吳國底丹陽底銅山是有名的，又青銅底合金成分的錫，在南中國也出產多量，製作青銅器是在很適宜的狀態中的。

歐洲底青銅器時代，一般是屬於有史以前的，在中國，如前所述，有殷墟底骨板上的文字，到了周代尤其是周末，一方面存在着比較豐富的文獻，這個時代底制度文物底發達狀態，雖沒有專事依據考古學的資料的必要，但據考古學方面的研究，其文化如何地作高度的發展，依據那顯示精巧的製作手法的銅器底遺物已很能想像了；這不消說，可以預想，與土器等不同，不是日常生活底什器，一方面王侯貴族這種有力的社會已成立，祭祀宗教的禮儀也已確定了，可以說是與周禮、禮記這種文獻的資料並行的文物底表象。

這個到了周代極盛了的中國青銅器，自殷代時也已多少顯現了，如前所述，現在我們，關于在與所謂殷（商）底銅器之間，有如何的差異，不能明瞭，是很感遺憾的。但與自周末至漢代製作的，顯示非常的差異，這却很明白；可以說其器物底形式紋樣，以周代爲中心，形成一個完全的樣式，毫沒遺憾地發揮了中國固有的特質。就是，存在於新石器時代的鬲形土器，現在被翻譯爲銅器底形式，一方面成了洗練的鼎形，別一方面，自與甑相結合的甗的土器（從南滿洲貔子窩出土的【註二】）成了銅器的甗而完成了，此外，出現了尊、敦、卣、匜、鍾等種種有特徵的彝器，其著明的『收集』，以中國奉天北京底舊帝室底藏品爲始，可舉日本住友男爵底藏品等。又如原本爲端方底藏品而如今在紐約了的陝西省寶雞縣出土的柉禁一具及近年河南省新鄭縣與孟津縣發見的銅器羣，是很可注意的。適用在這些銅器上的紋樣，是與在殷墟底骨片及白色土器上所見的全然同樣的動物紋，這呈示了充分的發達。關於這動物紋(animal style)底起原，如後所述，有以爲與西方有關係的學者，但總之，在中國周代，成就別處不能看到的一種特別的發達，成了所謂饕餮紋、虺龍紋之類，又作爲地紋，看到雷紋底特殊的愛用。饕餮這東西，有人說是有辟邪的意思的邪視（evil eye），其起原，我以爲怕在於人面模樣；虺龍，不必說，是爬虫類底模樣。一看以這些模樣裝飾的各種銅器底器形，周代底文化與趣味，便全然歷歷在我們底腦中描畫出來了。

註1 參照考古圖、博古圖錄、西清古鑑等中國底著錄，及住友男爵底收藏的泉屋清賞，暨端方底陶齋吉金錄等。

2 參照東亞考古學會編貔子窩。

七　鐵器底使用與所謂秦式底藝術

自周末起，中國已漸行鐵器，到了漢代，完全進入鐵器時代了，如此說我以爲很是適宜。關於這一點，固然沒有確證，但從文獻上來看，有可以像上面那麼推察的地方，又從不相信到了漢代通行的鐵器立卽代替了銅器的理由上來看，也可以像上面那麼推察的，如此，一方面鐵器出現，關於銅及青銅的價値底看法漸漸變化，同時，別一方面，中國是從周末到春秋戰國的時代了，思想上大開放，哲學與文學方面劃了可驚的時代，在和平底產物的藝術方面便無論如何不能不墮落了。不，至少，周代底古典藝術是崩潰了，到新的藝術產生爲止，只有繼續墮落衰頹的狀態了（其青銅底品質，一般地也成了粗惡及薄了）。對於這過渡期，我們沒有給與特別的名稱的必要，如其要勉強給與，怕有不適當的地方，叫作歐羅巴底學者們也在使用的所謂『秦式』，也是一種方法罷。我們歷來是將它在周代之末附論，或攝入漢代處理的；近來，因得到稍稍豐富的資料，常常作爲秦代底遺物而區別開了，所以現在，關於它來稍稍講述一下。

其主要的資料之一，是距今數年前，法蘭西底古董商華尼埃克氏（Wannieck），在山西省底大同附近叫 Li-yu 的村落底丘陵之端，城壁底內部（因爲也出了漆器片的，所以或說是墳墓，或說是祭祀，或說是隱匿的。）發見的二十餘點的銅器羣，相傳這是秦始皇於卽位後的二十八年，巡狩各地，祭祀山川時的東西。其器形、紋樣等，正是可認爲周漢之間，秦代底東西的。我幸於去年在巴黎得有參觀的機會，其大體的樣式，實是可以看作漢代底銅器的，而且其上面裝飾着的紋樣，是周代底壞了的一種的變形雷紋的平板的表面裝飾，以前那樣的有凹凸的浮彫式的地方全然沒有了，作爲周、漢間過渡期的東西，實是適當的，所以把它當作秦式也是絕不錯的【註一】。又自唱導了秦式這東西之後，歷來作爲漢鏡底極古的形式的一種薄鏡上加以淺的變形雷電紋的一類，現在也有人把它當作秦鏡來處理了。無論如何，把它當作周、漢之間的東西，這是無異論的，銅器中的樣式底分類，在這數年間也漸漸精密了，這是頗可喜的。

原本秦是從西戎之國起來的，是在人種上、文化上與西方底蠻族的關係很深的國，在秦勃興了的周末戰國時代，隨着中國底政治組織底崩潰，北方西方底民族大事侵入中國，這是可以想像的事實。但這戎狄底侵入，此後常常反覆着，一方面，破壞中國文化，同時，對中國民族輸入新的血液，使中國振作新的元氣，這是不能否定的事實。

圖版第八　中國秦式古銅器

山西出土秦式銅器　(上)鼎,(下)觽圜鼎,
巴黎華尼埃克氏藏

因而從這個時候起，在服裝等方面，所謂北狄底胡俗也傳播到中國，其穿袖的胡服，因爲在行動上很便利，所以很流行，自六朝以來，風靡了中國。這時，北方民族底風俗的革帶、馬具及附屬於它的器具帶鉤之類，與施設在上面的意匠，一同到中國來了，這是很可能的。這自周末經歷秦代，到漢代（或漢代以後），雖則並不撼動中國底文化底大勢，但成了一個顯著的文化的藝術的要素。關於影響及於中國的北方民族底文化，近年來，西洋底學者大事研究，我因爲在前年未曾論及，所以下面想就它來稍稍講一下。

註1　Tizac; L'Art Chinois. (Paris, 1926)等。

八　所謂斯基脫文化及其影響

自周末漢初顯著地影響中國的文化底北方民族，大多是土耳其民族，雖則不曾建築了他們自身特有的文化，但對於當時亞細亞北部通行的伊蘭系統的文化是最濃厚地受了洗禮過的。這種文化，總稱爲斯基脫（Scythian）文化，這種文化底根原地在什麼地方，還不曾十分明白，據迄今所明白的，在高加索山及黑海底北方底『草原』(steppe)地方，即南俄底頓河(Don R.)、地尼伯河(Dnieper R.)底流域地方，至少，自公歷前數世紀至公歷後一世紀左右，發達着一種的青銅文化，占有着這個地方的民族，雖代代變遷，但其文化中一貫地有着特殊的東西，這是近年來，尤其是據洛斯妥夫契甫氏(Rostovtzeff)等底熱心的研究，已不能否定了【註一】。這個地方，當古昔在新石器時代，是有以與甘肅底彩繪土器相似的彩色土器爲表幟的所謂『的黎波里埃文化』的地方，後來伊蘭地方底文化北來，成了希臘人底所謂基姆梅利人（Cimmerians）的時代，其次，成了斯基脫人（Scythians）的時代，西方希臘文化底影響與其殖民，同能在這個地方被顯著地看到。其次，自公歷前二世紀左右起，仍是與斯基脫人屬於同種的薩爾瑪底人（Sarmatians）占領這個地方，終於到了羅馬時代；歷來，關於希臘文化影響這斯基脫人的國的事，學者們也在注意的。（克利米亞地方的古墳發見品中，黃金製品特別多，在這裏面也可看到希臘藝術底顯著的影響。）在他們之間，有特殊的文化藝術存在着的事，而且這不一定可貶爲野蠻或貶爲未開化的，確是一種特殊的東西，有價值的東西：這是近來所唱導的。

以這斯基脫人爲中心的文化，其根源發於伊蘭文化，因而是與巴比倫地方的西亞地方底文化有深切的關係的，在他們底游牧的生活之間產生的特殊點有不少存在着。總之，一種的動物樣式（animal style），對於這斯基脫•薩爾瑪底底藝術，成就了特殊的發達。其裝飾中，如馴鹿等動物曲了脚蹯踞着，猛獸吃馬，這種動物鬥爭的圖，及動

圖版第九　斯基塔式銅器

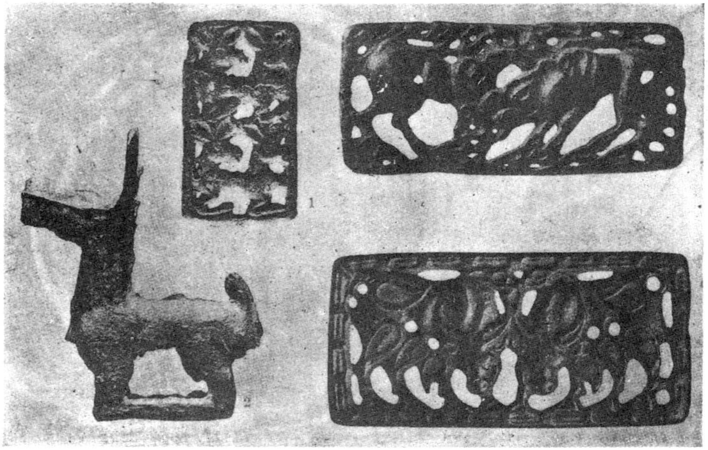

(右上)(右下)西伯利亞密奴新斯克地方，發見透彫動物模樣金具
(左上)透彫動物模樣金具，(左下)青銅獸形，
日本京都帝國大學文學部藏

物底頭部暨其它的肢脚等，作爲紋樣底要素在頻頻使用着這幾點上，很可注意。洛斯妥夫契甫氏等，以爲中國商、周底古銅器中的等饕餮、虺龍等動物底紋樣也與這斯基脫底藝術有關係，至少，是從共同的伊蘭藝術的母胎中出來的。這是頗動聽聞的學說，這與以前在這斯基脫底藝術中認出中國底影響的拉伊奈克氏（Reinecke）是全然相反的看法。但我對於將這周代底銅器等中的動物紋樣便認爲與伊蘭及斯基脫有關係的，洛氏一流的説頭，難於贊同；固然動物紋樣與幾何學的紋樣底結合這大體的方式是類似的，但各要素底類似不一定很顯著，說中國底全然模樣化的動物形，是從比較的寫實的伊蘭、斯基脫底動物樣式產出的，這不是一蹴而就的，必須說明其中途的階段。不，我們轉目而看大洋洲邊的野蠻人之間所製作的木器底彫刻等，其中同趣味的紋樣很多（墨西哥底瑪亞藝術中也有類似的），所以據上述的說頭，將須把這也歸於伊蘭藝術的一源了。所以我以爲，中國底動物紋樣，是與大洋洲底野蠻人間底木彫等在同一的階段中的，看作發達到極端的一個例，這里，沒有斯基脫等底影響，主要是中國人之間獨自發展的，這種看法，很是妥當。

但這單是不承認商、周時代底古典的東西中的斯基脫文化底影響，通過周末至漢代的北方民族的斯基脫·西伯利亞底藝術有及於中國底藝術的顯著的影響，這在我，也不躊躇於承認的。就是，其最好的例子，從中國發見的帶鈎底裝飾、馬具底透彫裝飾等之中，看到必須看作斯基脫式的動物樣式，尤其是獸類底爭鬥或交錯着的紋樣之類；原來這些馬具、革帶等底使用，是由北方輸入中國、朝鮮的，所以隨伴着它的藝術樣式底移入，不僅是最自然的現象，其特殊的模樣底相互的一致，到底不能說是偶然的符合的。又這里必須申說的有趣的事實，是一九二三年，俄國底珂玆洛甫氏（Kozlov）從北蒙古色倫格河底上流地方底古墳中發掘出來的遺物。其中，遺留着用於其墓室底裝飾的精巧的刺繡，單單看它底模樣，便有斯基脫式的動物，又有希臘方面底要素，也有中國的分子【註二】。又在中國起源的東西中，有與朝鮮樂浪底發見品全然相同的紋樣的漆杯，上面有前漢建平五年（公歷前二年）的年號【註三】；此外，證明中國文化藝術當時及於如此的邊疆的材料，有不少存在着。所以我以爲，自周末至漢代通過北方中國，斯基脫・西伯利亞藝術東漸南下，卽令不曾根本地變革中國文化藝術，却給與了它以顯著的影響；又隨伴着這個，對於各種的社會生活——包含衣服、武器及其它——也給與了不少的影響。但與這同時，在別一方面，同樣的程度地，傳佈到西方的中國文化藝術底影響，也須追尋的，但這與今天當作我底目的的相反，所以且讓到別的機會去講罷。（又斯基脫・薩爾瑪底藝術，影響到斯干底那維亞及峨特式等的西歐藝術，也很顯著。）又漢代時影響到中國的，不只這斯基脫•西伯利亞系統的文化藝術。或者經歷中央亞細亞，或者經歷南海，別的西方文物底影響也有。關於這一點，當在下節中去講。

註1 Minns: Scythians and Greeks (Cambridge,1913); Rostovtzeff: Iranians and Greeks in South Russia (Oxford, 1922); Borovka: Scythian Art (London, 1927) 等。

2 於珂茲洛甫氏底俄文報告之外，Yetts: Discoveries of the Kozlov Expedition (The Burlington Magazine, 1926) 裏的文章，都是我們可讀的文獻。

圖版第十　蒙古漢代古墳刺繡

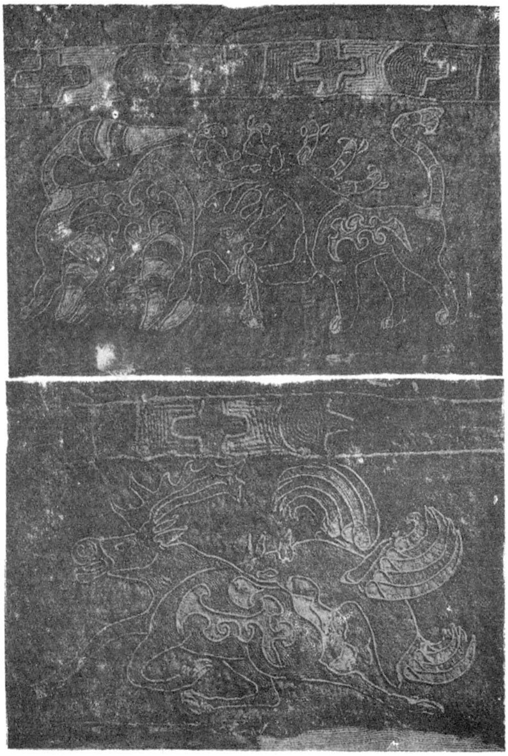

外蒙古烏爾加北方古墳發見刺繡

珂茲洛夫氏發見（波洛夫加氏基斯塔美　所載）

3 關於這年號底解讀，梅原末治君于遊歷俄國時貢獻得很多。

九　漢代底文化

自周末通行的鐵器，到了漢代，幾乎完全代替了青銅器；這我們由於漢代底墳墓——例如朝鮮樂浪底古墳——底發掘底結果，可以知道。固然，利器以外的器物，雖則漢代以後也還長時期地使用着青銅，這是不消說的。（在利器方面，鏃這東西，到了漢代，也因鑄造上的便利等，還使用銅鏃。）漢代的中國底文物底非常的發達，是豐富的文獻證明了的，其文學、哲學、史學等精神的方面底造詣不必說，即令造形美術的方面，雖則歷來於古銅器這種工藝的作品之外不能知道，到了這個時代，雖則僅少，我們也能看到建築、彫刻、繪畫方面底遺物了。這當然只是當代美術底產物底極小一部分，遺留在與墳墓有關係的石造物或墳墓中作爲副葬品的明器等之上的片影，例如山東省底孝堂山與武氏祠底石闕祠堂，看了四川省及其它地方底石闕、石獅之類，不但可以看到對於表現在其雄偉的動物底立像、採取故事的題目的浮彫或線刻上的造形美術的努力，而且建築上的抖拱的法式，顯示與遺留在日本底法隆寺等的六朝式底特徵屬於同一系統的空想的形式(fancy form)，同時，在中國、日本等底建築上，其後二千年間一貫地支配着的抖拱等的法式，當時已早完成了【註一】。又銅器這種工藝品，也漸漸脫去周代底傳統，其形式也清楚了，紋樣也不使用於表面全體上而使用於局部了，其要素也是從前的動物紋大多潛影，愛用幾何學的紋樣與渦雲紋、植物紋之類了。又到近年爲止，被疑爲後世的作品的，精巧得可驚的金銀寶石等底鑲嵌細工，也大事製作了。洛斯妥夫契甫氏在這些上面也承認薩爾瑪底藝術底影響【註二】。

這樣的藝術上的大變革、趣味底大變動，到底是由如何的原因惹起的？這固然是基於周末以後，漢民族自身之間釀成的精神上的變化，但促進它、誘導它的外國文化底影響也可以在這里看到。前述的自周末波及的斯基脫•西伯利亞底文化藝術，也確是可以算作其一個有力的因子的；此外，也可以看到幾多的西方文化底要素。漢代，至武帝時（公歷前一世紀），將國初以來蓄積的勢力振於四方，作大規模的民族的移動。當然，這是周代以來人口繁殖，文物在內部成熟了的結果。又雖只是反覆那已自有史以前屢屢行之的民族的擴展，可這漢武帝時的勢力擴展，可以說是有史以後第一次的人種的文化的大擴展。所以它底勢力，西至中央亞細亞的西域諸國，南至印度支那地方，東自朝鮮半島至西部日本。（前述的外蒙古底古墳底遺物，也就是證明這一點的。）結果，一方面，中國文化影響到這些地方，同時，這些地方通行的文化，及通過這些地方，那別國底文化，也流入了中國，這是自然的趨勢。武帝時派遣到西方去的軍人中，有到中亞底大宛國(Ferghana)的貳師將軍李廣利。於其軍事底目的之外，隨伴着文化的結果，是不消說的，如將汗血馬(Turkoman horse)帶回漢朝是其代表的例子，且行了中國底馬種底改良；但更帶了重要的使命的，是張騫。

他是爲了作爲根本地覆滅中國底北方底大敵的匈奴的策略，與蟠踞印度底北方的大月氏締結同盟而出去的。雖則他底策略終歸無效，但其間，他經歷的中亞各國底文化，由於他介紹并輸入到中國來了，這實是關係很大的。

以大夏（Bactria）爲中心的中亞各國，是那希臘馬其頓底亞歷山大大王底大遠征底結果，在伊蘭波斯文物上給與希臘底文化的影響，行着所謂『希倫主義』（Hellenism）的，其希臘的波斯的文化藝術，由於以張騫底遠征爲代表的交通，此後漸漸流入中國的情勢，不難推察了。在歷史底記錄上　對於李廣利底汗血馬，張騫底葡萄【葡萄這詞，據說是由希臘語『波脫留斯』（*βότρυς*）來的。】是被傳爲其土產的，不只這麼的東西，以大夏為始，從中亞各國如大秦即敘利亞這種成了羅馬領的地方底文化的影響，也波及到了中國。這葡萄，是美索不達米亞底原產；這與伊蘭地方底動物紋相結合，遺留了薩桑波斯底瑪西塔（Maschata）宮殿底石壁上那麼的大紀念碑。這是一方面入希臘、羅馬；別一方面，經中亞入中國，自六朝末，成了唐代底海獸葡萄鏡那麼的東西；向日本，在奈良朝也進來了〔註三〕。由於這些影響，在漢代，已發生了上述的文化藝術上的大變革，我們這麼推測，不會大錯誤的罷。但比什麼都更重大的結果，是從大月氏，在後漢時輸入中國的印度底佛教。那對於東亞底精神界今後所給與的影響，實是劃期的東西，這事實，是我現在不必再講的顯著的事實；其影響，是屬於在我今天底題目以後的時代的，所以不詳述了。只是講述一句：在這大月氏所居住的印度西北地方，那受了希臘美術底影響的所謂犍陀羅（Gandhara）底希臘佛教美術很發達，所以當初傳入中國的佛教美術也含有希臘的要素〔註四〕；因而這在日本底古佛教美術上也可以看到多少；近年來，德、法、俄、英及其它底學者，到中亞土耳其斯坦地方探檢的結果，闡明了這種美術底徑路，這都是很重要的。

註1 參照關野貞博士山東省底墳墓底表飾（東京帝國大學紀要），Chavannes: Le Sculpture sur Pierre en Chine 及 Segalin: Mission archéologique en Chine，拙稿中國漢六朝式建築與法隆寺建築底樣式（內藤博士還曆祝賀支那學論叢）等。

2 Rostovtzeff: Inlaid Bronze of the Han Dynasty. (Paris,1927)

3 Hirth: Fremde Einflüsse in der Chinesischen Kunst 及拙稿關於禽獸葡萄紋（國華）。

4　Foucher: L'art gréco-bouddhique du Gadhara 及 Grünwedel-Burges: Indian Art.

十 漢代文化底東漸與南滿北鮮

漢武帝時代的漢民族底八種的文化的擴展，在漢民族是有史以來的大事件，實在這在東亞底文化史上是一重大的事件；從遼東半島占住朝鮮半島而居住的漢民族與通古斯族等底混合而成的民族（其中以韓民族爲主），及占據日本羣島而居住的日本民族，祗在周末時稍稍與金屬文化接觸，在全體上還是做着石器時代的長夢，移植金屬文化，使入于中國文化底圈內，終至使成爲歷史時代底民族，我以爲，東亞底歷史上超越這個的大事件，此外怕不多罷。所以我想就滿洲，及與滿洲連續的北部朝鮮底情勢，來講一下。

滿洲，如前所述，在石器時代，中國人已在殖民，其文化也波及了，以後，並不繼續追隨着中國中央底文化底發達，在石器時代中彷徨着；但自周末春秋戰國，其文化儘是流入，成了漢代的文化移植底素地。這，例如北自奉天附近，漸漸南下，至大石橋、瓦房店、熊岳城、貔子窩、金州、旅順、營城子等，發見明刀與方足布等的周末底錢貨，便可知道了。

但這遼東半島全然浸浴漢民族底文化，而入金屬時代，也是武帝時底勢力大擴展底結果，終於成了漢底一郡，是人種的文化的流波衝入後的事，且主要是遼陽以南底中國化。卽以鳥居博士、島村孝三郎氏、八木奘三郎氏爲始，我們調查的遼陽、熊岳城、旅順底貝墓、甎墓、石棺、石室的墓，不外於這結果所顯現的遺物；從它底內部，與五銖、貨泉、大泉五十、小泉直一等自前漢至王莽時代的錢貨一同，豐富地出土了漢式鏡、漢代底明器、泥象、漆器、銅器等，不外於最有力地講述這事實【註一】。又古墳中特別顯著的，可以舉我所發掘的旅順南山里刁家屯底五室甎墓與營城子底甎墓等罷【註二】。又在古墳以外，今年以東亞考古學會底原田淑人君爲始，我們調查了的旅順牧羊城，也是有趣的遺跡；去年發掘了的貔子窩管內碧流河畔底遺跡，是自石器時代至周末漢初的居住地，作爲石器時代底東西，出土了埋葬墓、與安特生發見品異趣的彩色土器等，其次，作爲周末漢初底東西，與明刀、方足布、半兩、一刀錢等，同出土了鬲、甗等土器，是顯示遼東半島自武帝以前已浸浴中國文化，成了武帝以後漢民族殖民地底根據的重要的遺跡【註三】。

北部朝鮮，大體上與南滿洲是同樣的情況的。這地方，也是以通古斯及中國人等底混合民族爲主，自古占居着，有石器時代底文化、這可以用平安南道及其它地方底石器土器等底發見來證明，傳着與滿洲地方底東西大體上同色彩的文化。殷末時箕子向北鮮殖民的傳說，卽令這到現在，不能從考古學上證明，但到周末，由于平安北道甯邊發見的明刀等，明瞭了其交通之跡，告訴我們海東漸漸地浸浴中國文化了。在這素地上，中國文化底大規模的移植，自漢武帝時卽公歷前一世紀時起遂行，朝鮮底北部，作爲漢底四郡，成了其領土了。

如此，北部朝鮮，自石器時代或金石並用期，一躍而接觸鐵器時代的優秀的漢文化了。作爲這漢文化移植底大紀念物、現在遺留着的，卽平安北道平壤附近樂浪郡的故地的幾多的古墳與土城，黃海道鳳山郡底帶方郡的故地的帶方太守張撫夷底墓等。尤其是從樂浪底遺跡，以有『樂浪太守章』、『朝鮮右尉』、『粘蟬長印』、『邯鄲長印』等的文字的印章爲始，作爲古墳底副葬品的銅器、漆器、玉器、鐵器等精巧的東西，由于關野博士、藤田學士、原田學士等底發掘而發見，漆器上以可驚的優秀的繪畫爲裝飾，刻着自前漢始元二年（公歷前八五年）至後漢永平十二年（公歷六九年）的年號等，當在中國本土未行充分的學術的調查的現在，在中國文化底研究上給與了重要的

贈品　告訴了我們漢代文化底遂行了如何可驚的發達〔註四〕。還有是中國底南方交址支那底事：由法蘭西底學者之手，在東京地方等，發見了與滿洲朝鮮同樣的漢式的墓，證明中國文化在這方面也同樣波及了，特附及〔註五〕。

到漢底政治的勢力衰弱，正相反，在北部朝鮮，歷來的朝鮮民族漸漸得勢，終于建立了高勾麗國；但其文化，全然攝取漢及三國、六朝底中國文化，祇將它多少地方化了些罷了。平壤底西方江西、眞池洞等底高勾麗國古墳中遺留着的優秀的壁畫，正是說明如何地漢六朝底美術到朝鮮去，距石器時代已數百年，至少，高勾麗底支配階級儘採用及消化高度的中國文化的【註六】。

註 1 鳥居龍藏君南滿洲調查報告、八木奘三郎君滿洲考古學等。

2 濱田刁家屯底一古墳（東洋學報第一卷）。濱田在南滿洲的考古學的研究（東洋學報第二卷）。

3 東亞考古學會編貔子窩（東方考古學叢刊第一冊）。關于牧羊城遺跡，預定在最近的將來，出版報告。

4 關野貞博士朝鮮古蹟圖譜，關野貞博士樂浪郡底遺蹟

（朝鮮總督府古蹟調查特別報告第四册），原田淑人
田澤金吾兩君樂浪（近刊）。
5 Parentier氏論文（法國極東學院報文）。
6 關野貞博士朝鮮古蹟圖譜等。

十一 南朝鮮與西日本底中國文化

當北部朝鮮如此地爲中國文化波及，終于幾乎全然被包含于中國文化圈中的時候，南部朝鮮是如何？這個地方，也是通古斯族從北方進來，且恐混合着中國民族、印度奈西亞族等，且日本民族也早移殖，由于這些底混雜而成的韓民族占據着。史傳中的『三韓』這東西，畢竟是這些民族底集團，其間日本民族底血液也是一個重要的原素，這是須注意的。他們也是開始有着新石器時代的文化，這是南鮮各地發見的石器證明了它的；在這些石器中，有那有鐫的鑿形石斧與石廚刀，這在西部日本也出土過，在平安南道也發見過；又石鏃，主要是磨製的，與自遼東半島至西北朝鮮都通行的同系統的，日本很稀有。從這些事實上來看，當石器時代，大體上在滿洲邊與朝鮮半島，人種的成分稍稍不同，但同一系統的文化似廣行着〔註一〕。

又中國文化底流入南部朝鮮，我以爲怕比北部朝鮮與遼東半島稍遲罷；但自周末也已有若干的交涉的事，由于如全羅南道底康津地方所發見的明刀錢，可以想像，到漢代漸漸顯著的事，也可由慶尚南道底慶州與永川及入室里附近出土的銅器看到【註二】，但這不至于變化了文化形態底全體，南鮮依然還在石器時代底末期或金石並用期間逡巡着，這由于我們在慶南底金海貝塚中，與王莽底貨泉同發掘了多數的骨器、少數的石器、鐵器【註三】可以明白。在前後漢的時候，南鮮，不能不說與正在中國底中央的千年以上的殷代，在相同的文化階段中。這南鮮顯著地受了中國文化底感化，是自三國進六朝時代以後的事，慶州底古新羅古墳底遺物，是證明這事的一大紀念物。一九二一年偶然發見的金冠塚【註四】，及其後被發掘的金鈴塚與金鞋塚，瑞典皇太子遊日時被發掘的瑞鳳塚中，出土了六朝式的忍冬紋與有蓮花紋的柄香爐、有唐草紋的帶金具、腰佩類等，顯示了無可疑的年代。這種唐草紋，原本起原于阿爾泰・伊蘭地方底文化，自西比利亞擴展至東歐，在亞爾巴尼亞也發見有幾乎同樣的紋樣的帶金具，這是證明文化底移動的有趣的事實。我不禁想像，朝鮮于中國中央底文化以外，有不通過中國，經由北方亞細亞而流入的斯基脫•西伯利亞底文化罷。又從上述古墳中發見玻璃器等，這不消說，是西域交通底結果，流入中國了的，如此，在南鮮，六朝的中國文化，濃厚地影響着，同時，日本的底文化也留着痕跡，這是不能忽視的事實。關于這一點，下節中去講述；總之，這慶州底古墳底遺物中，黃金細工品非常之多，這是與在南俄斯基脫底酋長底墓中的同樣的，告訴我們這南鮮底貴族王者底愛好豪奢的好尙及其趣味底低微。總之，南部朝鮮比諸北部朝鮮，受到中國文化底影響稍遲，更大大地發揮地方的色彩，自六朝至唐代，便爲中國文化圈包擁了。到六朝，與北鮮並肩，有了造成三國鼎立底形勢的發展。

其次，西部日本，恰與南部朝鮮幾乎取相同的徑路，受了中國文化底影響；證明漢以前與中國交通的遺物，比南鮮更少，除了在備前底三原町附近出土明刀錢這稍稍不確的事實，及在琉球底貝塚中發見明刀錢的報告之外，怕與漢以前底銅器——尤其是與南部中國底銅器有關係，且祇想像爲在日本變化了而製作的銅鐸這東西，在近畿東海等底地方發見。到了漢代，漢倭奴國王印與漢式的銅鏡、劍、玉璧等在九州發見；又在九州與山陰，因爲有王莽底貨泉出土，所以在中國底史籍底記事之外，可以用考古學的遺物證明其交通。固然這是通過朝鮮的交通居多，但想像直接與中國領土的交通也存在着，是妥當的。而且這些貨泉，是與石器時代終末的金石並用期時的遺物一同發見的，所以西日本，迄于王莽底時代即公歷一世紀時，大體上是石器時代底終末，可以看作由于這漢文化底影響，才進于金屬時代文化底黎明期的。這不能不說實是日本文化史上，最重要的劃期的事件。但這漢文化是鐵器時代的，所以雖輸入銅劍等，在大體上，是鐵器時代的文化。因此日本，與南鮮地方，同自石器時代，一躍而進鐵器時代。

自漢以後到六朝，與中國的交通漸漸頻繁，這是漢六朝底鏡，在日本底古墳中發見了許多許多這事實，是最有力地證明了的；這交通，我以爲不是通過南部朝鮮的：而是直接的。其理由之一，是在南部朝鮮，日本古墳中出土的漢六朝底鏡，非常之少，且可由中國底歷史的文獻中推察。就是，魏明帝于景初二年贈倭女王卑彌呼以刀鏡，魏廢帝于正始元年也有同樣的事，這見于三國志；又在允恭（公歷四五一——四五三）、安康（公歷四五四——四五六）、雄略天皇（公歷四五七——四七九）的時代，出使于南朝的宋的事，見于宋書：所以當時，從中國南朝輸入鏡等的事，是可以想像的。在這以外，間接地經由朝鮮輸入中國文物的事，是不消說的，重要的，第一是文字與書籍，其次是佛教。如此，通過朝鮮，于輸入中國文化之外，中國的文化傳播至日本的事也得考慮。例如在中國幾乎看不到的黃金製的耳飾，與一種的環頭的太刀，或者是斯基脫・西伯利亞的東西，或者卽令不與中國藝術全然無關係，但不能不說是很朝鮮化了的東西。

如上所述，在南鮮底民族中，混雜不少的日本人底血液，在三韓中的弁韓，卽在任那地方（洛東江沿岸），尤其如此。以這人種的親緣爲基礎而成就的，是半島中的日本底根據地的任那。新羅（舊辰韓底一部）也與任那沒有大區別的，所以從某一點上來講，南部朝鮮底人種與西部日本沒有大差別的，在文化上，同樣，說是成爲一個文化團體的似也適當的。這些地方底古墳，其構造內容頗爲一致的很多，這是最好的證據〔註六〕。而且這不僅在任那地方，在全羅南道（舊馬韓）底一帶地方，也有九州很多看到的大甕式棺與埴輪的樹立物等，其內容的遺物也與新羅任那沒有大差別，這由谷井氏底調查已明白了的〔註七〕，可用以證明西部日本與南部朝鮮底頗有密接的關係。

註 1 濱田耕作梅原末治金海貝塚調查報告（一九二二年朝鮮總督府古蹟調查報告）等。

2 藤田亮策梅原末治小泉顯夫君南朝鮮間的漢代底遺蹟

（同上一九二二年度報告，第二册）。

3 濱田梅原金海貝塚調查報告（見前）。

4 濱田梅原慶州金冠塚及其遺寶（朝鮮總督府古蹟調查特別報告第三册）等。

5 高橋健自博士銅鉾銅劍底研究等。

6 濱田朝鮮底古墳（考古學雜誌），關野博士朝鮮古蹟圖譜等。

7 谷井濟一君朝鮮總督府大正六年度（一九一七）古蹟調查報告。

十二　原始日本

上面，我就南部朝鮮與西部日本底關係，又就漢以後的文化流入這些地方的經過講了一下；最後，就與南部朝鮮底民族有親緣的日本人本身底人種的考察及其與中國文化接觸以前的狀態是如何，稍稍講述，以結束這講演。

關于日本民族底人種的位置，雖則很有及已有種種的討論；在學術上，大體上固已達到不能變動的決論。與在一般的動物界、植物界一樣，日本底人種，大體上是由南方系與北方系底混合而成立的，這是無疑的事；于作爲北方系的，卽與作爲現在的倭奴殘留着的人種有相同的特徵的人種外，加以南方馬來·印度奈西亞族底要素，及朝鮮民族與中國民族而成的一種的混合民族，這在島國，是最可以有的事。

當然，這人種的混合底過程，卽令有史以後，也還在繼續着，——不，現在都還在繼續着，大體上，倭奴的人種與南方馬來的人種底混成，在很早的古昔已在遂行的，所以這是造成了所謂『原日本人』（proto-Japanese）這東西的。就是，作爲其基礎的人種之一，有倭奴的底東西存在着，這是無可疑的；在九州或西南日本，比較上南方的人種底分子居多；在東北日本，倭奴的分子居多：大概如此。至于混血底比率，當然各地方不能一樣。而且，韓民族及其它，恐怕在有史以前已在混合，所以我以爲，這『原日本人』底成立，比一部分人所相信的要古得多，可以溯諸公歷前數百年或千年罷。（這石器時代底人種問題，由于近年盛被發掘的人骨研究，頗得了科學的基礎。）

我們所知道的他們底最初的文明，是新石器時代底東西，有磨製的石器與土器等。起初，是以保有着北方倭奴的人種所傳的技術爲主；到了後期，尤其是在西部日本，加以朝鮮半島方面底人種文化，盛行南鮮式的石斧，與所謂彌生式土器等了。祇在東北日本，在長久的期間，倭奴的人種底要素非常多，中國文化即金屬時代底文化底影響，比諸西南日本要遲了二三百年至數百年，因此，新石器時代底文化，比諸西部日本，反而發展得多，在石器與土器等方面，作爲石器時代底東西，有了很燦爛的東西。

在這新石器時代底末葉，通過朝鮮的或直接的中國文化底影響，終于使西部日本進于金屬文化的時代了，這與南部朝鮮一樣，是在公歷一世紀底前後：這，上面已經講過了。這新文化的曉鐘，先在西部日本響起來，這從大陸與半島底地理關係上來看，是最自然的事；此後，繼續着祝部土器底製作、古墳石室底築成、鑑鏡底輸入模造、金屬利器及裝飾具底使用等，都是由于從這半島及大陸的兩者來的中國的文化或朝鮮化的中國文化底影響的，這是不消說的。今後的日本如何地迎接多忙的歷史，經由朝鮮的文字底輸入，接着注意於佛教底渡來與六朝文化底移植，不久又成了唐代文化底輸入，這經過，從文獻上也容易知道其大體的；中國文化中包含上述的各種的外國的要素，也自可推測的。

以上，是從考古學上看到的，以中國爲中心，就朝鮮日本底文化底源流及其黎明期，作了個極大體的觀察；現在能夠講述這點事實，也不外于過去的長長的年代，尤其是近年來，東亞各地底貴重的資料底發見及學者底研究底恩賜。但在這大體的觀察中，也有着許多或者過于大胆，那或者尙未成熟的思考，如其要講述這以上的詳細的事，那末便爲荊棘所封鎖，甚至于小徑，不通的都很多。這些，如數年前的我底論述，在數年後，不能不如此地改變或增補一樣，東亞考古學界底將來的造詣，充滿着可以期待的極大的希望。我自己，雖則力量微弱，也如在過去那麽，在將來對於這研究也要盡幾分的力的。

註

這節底參考書，過煩從略。

附录

日本文化底黎明

一

我今天在諸位之前，揭出如此廣汎的——不，漠然的題目，而且是想在極短的時間內講了的；關于這題目，並不是另外發表新的研究，只是想把我們考古學者，不，我自己對這日本文化底黎明，抱着如何的見解，來簡單地申述一下。

人類底文化，在考古學上，從利器底主要材料上來看，經歷石器時代、青銅器時代、鐵器時代的三階段而發展，這在世界上各地方各民族幾乎是普遍的現象；又其間石器時代，其經續的年代比其它兩個時代要長得多，可以把他分為舊石器時代和新石器時代：這些事情，我現在無須再在諸君之前申述，諒早知道了。所以我在講日本底文化如何地在這亞細亞底東海開始輝耀其曙光，其狀態如何的時候，其勢非先從這石器時代的事情上——舊石器時代的事情上講起不可。那末，在日本，舊石器時代底文化存在着的證據可有嗎？

對於這問題，我們現在只能給與『沒有』的回答。實在，不只在日本，直到近年爲止，在東亞各地方，全然沒有舊石器時代的人類底遺物發見。俄屬西伯利亞，在葉尼塞河底上流地方，薩文珂甫、德•倍伊兩氏於一八八六年以來，採集稱爲舊石器的東西；但闡明其地層與共存動物底狀態，能確實地證明它，這是有待于一九二〇年美爾哈爾特氏底研究以後的事。其次，在中國，在陝西省底北部鄂爾多斯地方，于一九二三年，法國底學者利桑、夏爾唐兩師，才與確實的舊象等底遺骨，一同發見了屬于摩斯梯期或奧利納克初期底形式的石器∴這是很重大的事件。（我最近在中國天津底北疆博物院中，得到實見其遺物的機會。）又安德留斯探險隊底納爾遜氏，在蒙古戈壁沙漠中，得到了舊石器的東西。如此，在亞細亞底東部這些地方，至少，在舊石器時代底後半期，已有人類在居住：這已是無疑的事。但在日本，除了從前孟洛氏等報告了若干作爲舊石器而有疑問的東西之外，不曾發見過任何確實的遺物，所以如上所述，關於舊石器時代底文化，現在，只能回答在日本不能證明其存在；但既已舉示了在東亞底大陸，他們在居住着的證據，又既已知道他們在居住着的時候底同種類的獸類在日本也有，便不能預斷在日本，他們不會居住。不，實在我對于將來的發見，有着很大的期望。

二

但如上面那麽的預想，這是另外一個問題；日本底人類居住底確實的證據，始于新石器時代，日本文化底黎明在這時輝耀其曙光，這也是現在再來講是可笑的事罷。只是，這日本底新石器時代底文化本身，固然是存在于日本底國土之上的文化，但說這與後來的日本人底文化是無關係的，尤其是其人種上的聯絡是全然沒有的這種觀察法，從前很普遍，可到現在，至少，我們已並不這樣觀察，就是，這石器時代底人民，不論其人種上或文化上，都與後來的日本人有聯絡，在其間可以看到密接的關係。

這日本底新石器時代底文化，由于近年來的研究，至少，已明瞭在其文化底『形態』上有兩個主要的區別或順序。這在石器方面是另一問題，在土器上，看到二個種類，一種是大體黝黑色的有繩席紋的所謂繩紋土器，一種是赤褐色的無紋的或有幾何學的紋樣的所謂彌生式土器。其中，發見前者的遺跡，大體上較古，後者較新，這由於各處的層位的顯示可以證明，在學者之間也已沒有異論了的。又至少，後者底一部，在其文化底性質上，直接連續于後來的金屬時代，是屬于可以叫作所謂金石並用期的過渡期的，這酷似歐洲底新石器時代與青銅器時代底關係，以這彌生式土器爲標幟的石器時代文化底出產者，卽令在人種上，也是成了日本人祖先底主幹的，這觀察也是一般學界所承認的。

再進一步，製作古『形態』的繩紋土器的石器時代底民族，果屬于如何的人種，關于這個問題，很困難的討論便紛起了。在以前，說是『珂洛揆克爾』的埃斯基摩類似的東西的學說很盛行；到近年來，有說這是見諸國史的蝦夷即現今的倭奴(Ainu)底祖先，有說這是有近于倭奴的性質的民族但不直接是倭奴底祖先，這麼的學說最占勢力了。但晚近，這石器時代底人民底墓地在各地發掘出來，其人骨出現了許多，這由於專門學者研究的結果，已明白他們在各地方，在體質上都顯示若干的差異，有倭奴的特質，也有近于日本人的性質，比直接說是倭奴底祖先的這種簡單的見解，進步得多了；至少，在與彌生式土器文化生產者之間，也認識了民族上的血緣關係，這是穩當的了。原本，這是很不容易的大而且精密的問題，在這里，爲要極簡單地講述我自己所採取的觀察法，所以希望瞭解上面所述。根據這個觀察法，在石器時代底兩個文化上不同的『形態』之間，相互間也有密接的連絡，其間，任何的『夏斯」都沒有，大體上，在古的繩紋土器製作者之上，後來加入新的人種的文化的要素，成就其後的彌生式土器製作者底文化，再在這上面加入若干的東西，終於形成了現在的『日本人』。如此，時時刻刻地，現在還多多少少地，在文化上人種上加入新的要素，儘作『創造的發展』：這是誰都不能否認的事實。但這彌生式土器底所有者，已有和現在的『日本人』很接近的性質，所以我把它叫作『原日本人』（Proto-Japanese）。

三

這日本底新石器時代文化，固是使用石器爲利器而尙未知金屬的時代的事，所以大概總是野蠻的時代，在這麼地一概而論的人，也許很多。但這不一定如此。例如，比諸開始知道鐵器的希臘人，那靑銅器時代的米凱奈文化底所有者，不知道有如何高的程度；單藉利器底材料，不能便說石器使用者是野蠻，金屬使用者是文明，而在金屬中，鐵使用者比銅使用者開明。就是，在日本石器時代底較古的繩紋土器製作的『形態』中，其中，代表關東及奧羽地方，如陸奧龜岡遺跡的文化，卽令在全世界，作爲新石器時代底文化，也可以推測發達到了頗高度的境域的。在石器的製作中，除了埃及底石刀，像日本底石鏃那麼數多而又纖巧的，很少；在磨製石斧及其它，也顯示出很優秀的技術。尤其是在土器方面，在其器形底變化紋樣底豐富這一點上，在世界中作爲新石器時代底東西，除了亞美利加，可以說別處不能得到類例。此外，也製作土偶這種形像的東西，在使用珠玉這種裝身具這一點上也是如此，以這些遺物爲本，復現當代的文化，決不能一概地說是野蠻的社會；不但如此，而且作爲新石器時代底文化，可以說幾乎達到了其極致。

這石器時代底文化，固然，在日本這麼的島國，不是自發的東西，這是不消說的。在理論上，定然是從亞細亞大陸渡來的文化之流，但是它底徑路，却發生了是從北方的樺太千島方面呢，是從南方的琉球、台灣方面呢，是從中間的朝鮮、九州方面呢的問題。關于這重要的問題，只能說現在還沒有充分的研究；但南方的台灣底石器時代文化與中國大陸相聯絡，與琉球却並不連繫，比琉球及九州為新，所以這方面的徑路，不能思考到。朝鮮方面如何呢，在九州，彌生式土器也很多，較古的繩紋式土器文化底『底層』（Substratum）確是存在的；又在朝鮮，與彌生式土器文化的聯絡是有的，但與繩紋式土器的聯絡却還沒充分地證明。那末，北方樺太、千島方面如何呢？這也與東北地方一樣，在繩紋土器文化中，只新的東西已明白，舊的東西還沒被注意。如此，三方面都是此路不通了，但既然並不是在日本自發地產生的，仍舊定然是從這三條路中底一條渡來的。我如其敢加以想像，那末，這北方與朝鮮方面之一，現在雖則沒有發見，將來總有它底證據出現罷；總之，日本底石器時代，可以推察應與北方亞細亞相聯絡的。關於這一點，鳥居博士旅行西伯利亞，在哈巴洛夫斯克博物館注意到與日本底繩紋土器全然相同的破片，這是很重要的事。（鳥居博士把這破片解爲由于交通，得自日本的。）從北方亞細亞到南俄羅斯的大平原，闡明這些石器時代文化底系統的材料，雖則還沒有充分地知道；但看到東北歐羅巴的新石器時代底土器與日本底繩紋土器相類似的事實，我便描畫了一個想像說。就是：日本底日本底新石器時代文化，是遠自東北歐羅巴向北方亞細亞擴展而移動的人種所產生的；在這些大陸的地方，後來流入金屬時代的文化（斯基塔文化，中國周漢文化等），便進於青銅器時代，所以作爲新石器時代底文化，不曾高度地發展便終結了。但其一部族，渡到海東日本的島上，在那邊發見和平的樂土，而且在短期間內，不受大陸來的金屬文化底影響，所以發展其新石器時代底文化，終于到了終端：

我想上述那麼地來推測。這須與倭奴人是『原北方人種』

底早已分離了的人種這學說相俟，這想像才是可能的；但在現在，固然只是沒有積極的證據的空想。又亞美利加底石器時代，也是該與這北方亞細亞相聯絡而思考的罷。

四

其次，雖產生了石器時代底第二個『形態』的彌生式土器的文化，但這文化底產生者，如前所述，是可以說是我們底直接的祖先的『原日本人』，可實際的骨格上的研究，其材料並不充分，反不如較前的繩紋式土器民族底骨格，而是從別的文化上的性質來如此推定了的。就是：這彌生式土器，因爲在其手法形態等方面，與後來的日本人所使用的土器也相類似，所以只有從這土器，在與歷史時代的日本人之間，可以求得人種上文化上的親緣，便推測恐怕是同一民族罷；又同時，這土器底一部，有與繩紋土器相類似的地方，如上所述，與繩紋土器產生者在人種上文化上沒有關係，是不能說了。因此，我們相信，向繩紋土器文化所有者居住的地方，有新的人種底波浪，到日本來，這是開始新的彌生式土器製作底技術的，與歷來的民族相對照，在人種上、文化上都混融了：這是最自然的觀察法。這新來的民族，在各土器底製作這種技術上，有稍稍進步的窯，已有工業的性質；但在美術的意匠等方面，却比先住者劣遜得多，所以隨着這新民族底占優勢，當時的日本底文化反暫時地黑暗了，退步了：我如此想像。這恰如希臘底所謂獨利亞人，當侵入歷來的米凱奈文化所有者之間的時候，顯呈同樣的情勢。但在別一方面，繩紋土器文化，已達其自身發展底極度，已到了末路，所以往後的發展，在文化方面，當時已劣遜，由於內包着活潑潑的元氣的新民族底血液與文化底輸入，才得了救濟，這才能開了將來的活路。

那末，這新民族是從什麼地方渡來的？這是從朝鮮半島渡來的。這從下列兩點，可以推測：這種文化在自九州到西日本有最顯著的痕跡的事實，及朝鮮底考古學上的發見。這文化民族底波動，不止一次，是常常在反覆的。其當初的，是有着石器時代末期的文化的罷；入後來的，已進於金石並用期，金屬也帶來了。這金屬底輸入，在日本文化底黎明期，實是最重要的事件，這才發展了新的日本底文化，這是不消說的事。所以我在下面，不能不就這金屬渡來的事情一講述了。

五

如適才所說，彌生式土器製作者的經由朝鮮半島渡來的新民族，終于將金屬文化帶到了日本；那末，他們如何得到金屬的知識的？關于這一點，我們就東亞底先進文明國的中國卽在近鄰存在着的事實來看，便很容易想像，這是從中國傳承了來的罷。這由考古學上的證據已確定了的，這實是極平凡而且廣知的事實。中國，如諸位所知道的那麼，早在殷代（或者漠然地說周代以前，也許反而適當。），至少其中心部已由石器時代進於金石並用期；到周代，已達青銅文化底極盛。（關於這中國底古代，去年以來，中國北京中央研究院底李濟氏等在殷墟的發掘，得到了劃期的結果。）這優秀的青銅文化，如水之向下，由中心及于四方。又況由於漢民族底自然的膨脹，及基於周末國內底政治的不安的移住，他們作了民族的擴展；隨着這個運動，金屬文化即青銅文化，波及到近鄰的後進民族國土上，這是最自然的現象。如此，從山東到遼東半島，再到朝鮮底北部，在周末，中國文化已與其民族一同流入，歷來的石器時代文化漸漸進而爲金石並用期，爲金屬時代，這是由於從南滿洲各地發見的遺物，卽與中國式石器，有若干的青銅品與明刀、布泉等錢貨一同出土的事實，確實地證明的。

從周代末期，秦，到了漢初，這中國民族底人種的文化的波動，更大規模地及於東方了。漢武帝時的大擴展，是最顯著的，這實是東亞歷史上最重大的事件。但我相信，這大擴展，決不是在武帝時突然發生的，定是以自前述的周末或這以前的漢民族底人種上文化上的擴展爲基礎才能開始逐行而且成功的。漢代的中國，已進於自青銅器到鐵器的時代，所以其結果，自遼東到北鮮，完全沐浴到自青銅器到鐵器時代的文化了。這漢代底文化，再經由朝鮮底沿海，波及到日本底西南部，終於日本也由石器時代進於金石並用期了，但如上所述，漢代已是行鐵器的時代，所以在這些地方，尤其是在日本，次於銅，幾乎相接連地，便行了鐵，沒有特劃青銅時代的一個時期的餘暇，便移入鐵器時代了。關於證明這些情勢的考古學上的事實，我也常常講到，諸位大多也知道，而且時間不夠，所以不詳述了。

由於以上所述的情勢，日本受了漢文化底影響，在公歷一世紀前後，從石器時代的長夢中醒過來，作爲新的文化史上的工作者，在歷史時代的舞台上出現了。當然，日本底各地方，並不是同時光被了這文化的。如東北地方，在今後數世紀或數世紀以上，還在石器時代的舊文化中彷徨；不，甚至於石器時代底較古的繩紋土器底『形態』還殘存的地方都還有。對於這些殘剩的民族文化的民族運動、文化運動的進程，便是日本民族底國土經營底歷史。次於這漢文化（作爲其要素之一，混融着北亞細亞底斯基塔文化，這是可注意的事。），其繼續的六朝底文化進來，又唐宋底文化流入，日本底文化在沒有經歷數世紀之間，便能與其文化底母國並肩進行了。與石器時代底文化，在這國土上，遂行了特殊的發達一樣，這些中國文化要素，也與本國絕緣，在日本遂行了特殊的發展；關於這，是現在不必再詳述的顯著的事實。

我這便終結了這粗淺的講演。以上，我只是講述極其平凡周知的事實與見解，如其我有想特別提示的處所，那末是下面的一個見解：論述日本文化底黎明的，要闡明決不是把石器時代底文化當作別的東西而分離開來，這在其後的文化史上有重要的關係；而且其文化有頗高度的發達，又石器時代底兩個『形態』，在文化上民族上，互有聯絡，更進一步，這與原史時代的日本有不斷的連續。這是我這講演底着眼處。